共享单车

| 一辆自行车如何激起 |
| 共享经济的滔天大浪 |

陈爱民　陈龙海◎著

SPM 南方出版传媒　广东人民出版社

·广州·

图书在版编目（CIP）数据

共享单车 / 陈爱民，陈龙海著．— 广州：广东人民出版社，2017.10
ISBN 978-7-218-12025-6

Ⅰ．①共… Ⅱ．①陈… ②陈… Ⅲ．①商业模式—研究 Ⅳ．①F71

中国版本图书馆 CIP 数据核字（2017）第 219657 号

Gongxiang Danche

共享单车

陈爱民　陈龙海　著

出 版 人：肖风华

责任编辑：马妮璐
装帧设计：刘红刚
责任技编：周　杰　易志华

出版发行：广东人民出版社
地　　址：广州市大沙头四马路 10 号（邮政编码：510102）
电　　话：（020）83798714（总编室）
传　　真：（020）83780199
网　　址：http://www.gdpph.com
印　　刷：大厂回族自治县正兴印务有限公司
开　　本：787mm×1092mm　1/16
印　　张：15.75　　字　数：199 千
版　　次：2017 年 10 月第 1 版　2017 年 10 月第 1 次印刷
定　　价：45.00 元

如发现印装质量问题，影响阅读，请与出版社（020－83795749）联系调换。
售书热线：（020）83795240

前言

2016年，有人戏称为"共享单车元年"。

这一年，共享单车迅速扎堆出现在各个城市。五颜六色的共享单车，凑齐简直就是一个"彩虹家族"，线上线下赚足了眼球。进入2017年，这股"高烧"甚至烧得更热更猛，百城大战、进军海外，融资数十亿……共享单车成为资本寒冬里为数不多的"风口"。

共享单车的领跑者摩拜和ofo也相继步入了"互联网大佬"的行列。

谁能想到，在共享单车面世之前，自行车却正处在严重没落的境地。曾几何时，中国被称为"自行车王国"，拥有一辆单车甚至还是一件非常了不起的事情。但是随着汽车不断兴起，单车在人们的日常生活中的地位不断下降。

可是汽车的增多，不仅加剧了城市的拥堵，也带来了严重的大气污染，于是无污染的单车出行就成为政府鼓励的一种方式。网约车的发展，解决了人们长途出行的需求，但在"最后一公里"的出行需求上，打车不划算，公交、地铁又不方便。种种因素共同作用下，单车就成了最合适的选择。

于是，共享单车出现了。让人惊异的倒不是单车本身，而是单车上如此智能的配置，以及如此新奇的商业模式。

现在，在北京的国贸地区，平均每十秒就有一辆共享单车被骑走。在

北京、上海、广州、深圳，人流量大的地铁口、商圈附近，共享单车已完成了无缝衔接，其发展速度实在令人震惊。

一辆普通的自行车，在运用共享经济商业模式经营以后，就取得了爆炸式递增的效果，摇身一变成了颠覆制造业和出行方式的共享单车。

不过，共享单车在快速发展的背后，我们也看到了太多不稳定的因素。有人称共享单车是"国民素质的照妖镜"，不良市民破坏共享单车的照片和视频常见于网络，超高的损坏率也成了背后平台难以承受之重，而且无桩模式导致的乱停乱放、占道、无序等情况高发。针对共享单车的经营问题，政府的政策正在加码。

那么，综合起来看，资本市场青睐的共享单车最终会是一门好生意吗？它的商业模式能否经得起考验？它还能火多久？它能带给传统企业一些什么样的启示？

这便是本书要揭示给读者的内容。希望广大读者能从共享单车企业指数级成长现象的背后，发掘出适合自身企业经营的共享商业模式，创造更多的共享经济奇迹！

目录
CONTENT

第一章　迅速诞生的互联网"巨兽"

仅仅一年多的时间，共享单车就像一股"旋风"，刮遍国内各大城市，蔓延海外。其速度之快，是之前的互联网企业绝对不敢想象的。以摩拜和ofo为代表的一批共享单车企业，也在这番风云中迅速崛起，成为新一轮的互联网"巨兽"级企业。

第二章　共享单车为什么火（一）

共享单车的赛道已经涌入了超过百亿元的风险投资，积累了数千万用户。共享单车不会无缘无故地火起来，它背后必然有着深层次的原因。从外部环境来看，共享单车很好地解决了市民出行"最后一公里"的痛点，也符合人们个性出行的理念，加上低廉的价格，种种因素叠加在一起，似乎其不受追捧都难。

第三章　共享单车为什么火（二）

大火的共享单车，除了外部成熟的环境以外，还有其自带的科技和时尚因素。从有桩到无桩，从固定支付到移动支付……共享单车快速而又准确地抓住了互联网新形势下消费者的消费习惯，并且将其合理地应用到了自己的商业模式之中。

第四章　摩拜 VS ofo

从共享单车出现以来，摩拜和ofo就是这个领域当之无愧的领骑者。但在"共享单车"的大旗之下，两家却又似乎有着截然不同的商业模式。然而，同样的用户群却又让他们不得不互相较劲、厮杀。

第五章　共享单车的商业模式创新

　　谁能想到，共享单车的出现，让一度衰落的单车行业又重新焕发了生机。两个轮子上的自行车，为什么一搭上"共享"，就驶上了快车道？这其中，商业模式的创新可谓关键。

第六章　　从圈粉到盈利

虽然，作为新生事物，共享单车平台似乎还没有找到更好的盈利模式，但是我们有理由相信，共享单车用户群的爆发式增长，意味着其粉丝群的逐渐壮大，而这庞大基数的粉丝群也必然会带来巨额的粉丝经济，这将会帮助共享单车平台找到其他形式的盈利渠道。

第七章　　围绕"蛋糕"的惨烈绞杀

如果说2016年是共享单车拼杀的上半场，各家单车在融资、布局、圈粉中"温柔"交锋。那进入2017年之后，共享单车就进入了绞杀的下半场。逐渐饱和的一线城市，共同布局二三线城市，补贴攻防等等，都使得这片战场上"硝烟"的味道越来越浓烈。

第八章　共享单车的"暗伤"

"摸着石头过河"的共享单车，在被人们普遍接受之后，其另外一面的不足之处也逐渐暴露在了公众的视线之下，而这些不足也严重影响着共享单车企业的生存和发展。不解决这些问题　共享单车就不可能走得更远。

第九章　新政来袭，共享单车何去何从

共享单车有着"国民素质的镜子"之称，其考验着人性的道德和理念，当然，也影响着国家法律法规的决策。就像网约车一样，共享单车也需要政府层面"理性"的支持，使其在统一监管之下不再"野蛮生长"。

第十章　"物极"之后，是"长生"还是"必反"

共享单车的未来会怎样？这是一个值得深思的话题，虽然我们无法准确地预料，但我们可以基于共享单车的现状，给其做一个理性的判断。

第十一章　共享单车启示录：传统企业该如何玩转共享经济？

大火的共享单车，有很多值得传统企业借鉴的地方。它给我们树立了一个行业的标杆，也让我们看到了其他领域共享经济的方向。未来是一个"共享"的时代，要紧跟这个时代，就必须要玩得转共享经济。

结　语　单车之后，我们又将共享什么？

附　录　《大国品牌养成记》之摩拜单车

第一章
迅速诞生的互联网"巨兽"

仅仅一年多的时间，共享单车就像一股"旋风"，刮遍国内各大城市，蔓延海外。其速度之快，是之前的互联网企业绝对不敢想象的。以摩拜和ofo为代表的一批共享单车企业，也在这番风云中迅速崛起，成为新一轮的互联网"巨兽"级企业。

01

从汽车共享到自行车共享

似乎就在一夜之间，北上广深等中国几大主要城市的街头"装扮"就变了颜色，橙的、黄的、蓝的……一辆辆单车突然冒出地面，将这些城市打造成了活脱脱的"彩虹之城"。这些单车，不是拿来装点城市的，而是方便人们出行的又一种互联网+的产物。

近年来，随着互联网+技术的不断扩展，一种以"分享"为主题的新经济业态正如雨后春笋般涌现出来。所谓分享经济，简单来说，就是一种对点经济，是建立在人与物质的分享基础上的经济生态。"我为人人，人人为我"则是分享经济的精髓。在这股分享经济的浪潮中，让人们感受最直观的就是对于出行方式的分享。

我们让时间倒回几年前：

2012年，"互联网约车"这个词语进入人们的生活。这个网约车，指的是汽车。这年9月9日，滴滴推出了一款免费打车软件。用户可以通过这款软件叫车，叫车以后还能清楚明白地知道自己需要等多久，而不会再像以前一样，只是茫然无措地站在风雨中，苦苦寻觅出租车的踪迹。

同时，滴滴的用车，不是传统意义上的出租车，而是大量私家车。它把原本属于私人的带有"闲置"味道的交通工具调动起来，使其能和公众一起"分享"。在这个"分享"的过程中，私家车主赚到了钱，用户也感受到了实实在在的实惠，因此其一经推出就广受欢迎。随着市场的细分，它还从分享一辆汽车细化到了分享一个座位。并且继滴滴之后，优步、快的也迅速跟进，而像这样提供分享出行工具的第三方平台也因此赚了个盆满钵满。

谁能想到，私家车共享之狼以后，单车共享之虎又来了，而且势头显然更加凶猛。

在如今这个城市街头五颜六色的共享单车扎堆的奇观背后，是摩拜、ofo等一大波共享单车的民营企业。说到共享单车的诞生，就不能不提被誉为"共享单车之母"的摩拜创始人胡玮炜。

2014年11月的一天夜晚，在北京国贸附近的一个咖啡馆，胡玮炜把汽车设计师陈腾蛟介绍给投资人李斌。在这次极富影响力的谈话中，陈腾蛟想要做一款有颜值又智能的自行车。可是李斌不同意做个人自行车，他想要借助分享的概念，把自行车打造成一个人人都可以借、随处都可以借、手机扫码开锁、用完了可以随地停放的时代新品。同时，他还给这样的自行车取名为mobike，中文就是摩拜，听起来很像是顶礼膜拜的谐音。

毫无疑问，这是一个大胆的想法。对于它的未来发展，几个人心里也没有准确的预判。在陈腾蛟和李斌不置可否时，胡玮炜却有一种被击中的

感觉，很快就决定真正的运作。

经过一年左右的艰苦探索，摩拜单车悄然在上海居民区上线。用户使用APP寻找单车，通过手机扫码开锁，并且随借随还，只要把单车停在路边的白色区域内即可。这一便捷新奇的出行方式大大激起了人们的兴趣。短短数月间，摩拜单车的橙色风暴即扩张到北京、广州、深圳等地。

与此同时，此前已经在大学校园里打造共享单车概念的ofo也迅速跟进，将轻便实用的小黄车搬上马路。同样的形式，用户只需在微信服务号或APP上输入单车号，就可以获得一辆ofo小黄车的解锁密码，随时随地，随取随用。

在出行方式上，摩拜、ofo将人们从网约车的注意力成功地转移到了单车上。虽然两家共享单车巨头的运作方式、产品制造方式、用户体验等都有着显著的区别。但不可否认的是，这股共享单车的风暴刮得太过凶猛。不仅在国内红过了半边天，就连国外的路透社、彭博社、纽约时报等主流媒体也竞相报道，甚至还被外国留学生票选为"中国新四大发明（高铁、支付宝、共享单车、网购）"之一。

02

"网红"共享单车

先来看一组数据：

目前市场上约有共享单车企业近50家，覆盖城市超过100座，投放数量达近千万辆。另据腾讯科技的预计，在2017年，摩拜、ofo的投放数量还将"井喷"，预计将达到2000万辆，产能则将达到3000万辆。

还有一组公开数据：北京的共享单车达到150万辆；上海也突破100万辆；而广州和深圳分别有近70万辆和53万辆。此外，天津、成都等城市的共享单车投放量也不容小觑。目前，天津、成都的共享单车都达到了50万辆，武汉、厦门、郑州、长沙、西安等地的共享单车少则30万辆，多则达50万辆。

庞大的投放量背后，是庞大的使用人群。根据第三方数据研究机构比

达咨询发布的《2016中国共享单车市场研究报告》显示，共享单车的用户群体主要是年轻人，主要是集中在35岁以下。

毫无疑问，这部分人是移动互联网及APP使用的主力军。他们很容易受到移动端应用的影响，也更愿意和人们"分享"自己的经历。

"第一次骑车从单位回家，总里程18公里，回家后体重减掉700克，而且还只花了3块钱。"

"早上起来骑着小黄车转了一圈，里程10公里，30分钟骑完，节约碳排放1000克，燃烧热量456千卡。"

"小蓝也进驻小区门口了，摩拜、小黄、小蓝，小区门口成彩虹了，这下骑转更方便啦。"

自从共享单车上线以来，各大共享单车的粉丝便很愿意在微信朋友圈、微博分享自己的骑行经历。比如，上海的一位用户，逢人就会向人们推荐摩拜或者ofo，然后又@给北京的朋友。北京的用户又会如法炮制，将其@给其他地区的好友。

在橙黄色风暴席卷各大城市的同时，那些骑着"亮色单车"出门的年轻人，纷纷以这样的方式晒出自己的骑行路线，并且配上相应的文字，诉说自己的骑行体验。骑着共享单车出行的图也迅速占领了微信朋友圈、微博等页面。以前走了几万步的运动方式在共享单车面前，瞬间就变成了过去式。

共享单车的用户们之所以愿意将自己的骑行体验晒到网络上，很大程度上源于它"够酷"。彩虹色系的车身，和一般的自行车有着显著的区别。而且，它是那么智能，运动的里程、燃烧的热量、节约的碳排放量都有记录。所有这些，正是当下人们喜欢晒、愿意拿出来晒的点。

共享单车，俨然成了新一届的 "网红"，无可匹敌。

网红指的是在网络上受到网民关注的人和事。网络特有的传播特性让共享单车这一新生事物在短时间内就成了人们传播的焦点。在人们的传播与互动中，几大共享单车平台也在不断地提升着自己的商业价值，获取着网红经济的特殊红利。

03

腾讯入股摩拜，阿里投资ofo

在共享单车迅速占领城市马路，并成为互联网的当红小生之时，当然少不了各路资本大鳄的角逐。

2016年被人们称为"共享单车元年"，在共享单车出行逐渐成为人们的生活常态以后，共享单车的市场潜力便逐渐引发资本方的关注。

2017年1月4日，摩拜单车宣称完成D轮融资，融资金额2.15亿美元（约合人民币15亿元），领投方为腾讯、华平投资。其他投资方包括红杉、高瓴、启明创投、携程、华住、TPG等，都是极富名气的投资机构。

2017年6月16日，摩拜单车宣布完成E轮融资，融资金额达到6亿美元（约合人民币41亿元），腾讯、TPG、红杉、高瓴持续投注，此外还吸引了交银国际、工银国际等重磅投资人。到目前为止，摩拜的融资总额甚至已经超过了85亿元人民币。

在摩拜完成的五轮融资中，一开始腾讯并不是投资方。早在2015年，当摩拜单车天使投资人李斌将摩拜手机应用向腾讯当家人马化腾演示时，马化腾出于对单车会被偷掉的担心，推掉了投资。

但是，在摩拜单车开始量产以后，其不断被偷盗和破坏的事件成为人们持续在互联网上谴责的对象，马化腾担忧的事件并没有大量发生。在C轮的投资谈判中，红杉资本的沈南鹏站在窗边，看着眼前驶过的一辆又一辆桔色单车，当即下定了投资的决心。马化腾见状，也迅速跟进，从拒绝的投资者变成了积极的跟进者。

摩拜在完成D轮投资以后，ofo随即也在2017年3月1日宣称完成了D轮4.5亿美元（约合人民币31.5亿元）的融资。投资方包括滴滴、DST、中信产业基金、经纬中国、金沙江创投等知名投资机构。4月22日，ofo再次高调宣布获得蚂蚁金服的战略投资，双方在支付、信用、国际化等领域展开全面的合作。但ofo的这次融资目前还没有具体的金额公布。而在摩拜6月16日宣布新一轮融资6亿美元之后，ofo不甘落后，于7月6日也完成了一笔7亿美元的巨额融资，并且ofo的此轮投资仍由阿里巴巴领投。

蚂蚁金服乃是阿里系的资本。对于此次的入局，蚂蚁金服表示：ofo能为蚂蚁金服推动的无现金社会战略落地提供极佳的用户场景，同时蚂蚁金服固有的用户平台、支付能力和信用体系又能帮助ofo提高用户的体验，这是一个双赢的选择。

腾讯入股摩拜，阿里投资ofo，共享单车这个拥有海量用户和极高使用频率的支付入口，引来两大BAT巨头的分别示好，似乎也从一个侧面验证了这场单车之间旷世对决的火爆程度。

在共享单车之前，阿里和腾讯曾经分别投资过网约车的快的和滴滴，随即两大竞争巨头演发了一场场火药味十足的高地争夺战。这次，阿里和腾讯转战共享单车，其战争程度如何，我们仍将拭目以待。但不可否认的是，腾讯和阿里早已是资深的互联网金主，自带充足的流量和技术。在摩

拜的背后，腾讯握有QQ和微信两大社交应用，在腾讯为摩拜引入微信流量入口之后，摩拜正在凭此导入巨量的微信用户。而阿里蚂蚁金服的巨量支付用户也照样可以为ofo的竞争力加持。别忘了，ofo的背后，还有一个同样有着庞大用户群的金主滴滴。2017年4月27日，ofo便宣布正式接入滴滴出行，滴滴用户可通过滴滴出行的APP在全国范围内直接使用ofo小黄车。

从共享单车的融资额和争取金主的趋势来看，目前还处在一个势均力敌的态势。摩拜与ofo之间的竞争，也开始进入了下半场，也即两大互联网巨头线下支付的暗战阶段，鹿死谁手，不得而知。但可以预见的是，接下来拼资本、拼供应链、拼市场投放、拼入口和补贴将成为这场战争的常态。

在摩拜与ofo之外，也别忘了其他的共享单车品牌。在这次资本狂欢的盛宴中，同样没少了它们的身影。小鸣单车在2016年底，就宣布完成了B轮融资，虽然没有公布具体的融资数额，但从小鸣单车完成的A轮融资1亿元来看，这次融资金额显然也不是个小数目。2017年1月，小蓝单车也宣称获得新一轮4亿元的融资。另外，优拜、一步等单车公司也分别宣布获得了上亿元的融资，其他的单车品牌也分别获得了数额不等的巨额融资。一夜之间，中国的风投似乎都转到了共享单车上来。谁能想到，2016年却是中国资本市场的"寒冬"之年，而火爆的，似乎就只剩共享单车了。

有了这么多单车公司及大资本方和巨量资金的入局，可以想象，后面的大小战火，想不烧个你死我活都难。

04

从国内的争夺战，走向全球的角力

一直以来，在科技互联网界，都有国内企业借鉴国外企业的苗头，"一切向着硅谷看"。而共享单车则不然，它"原创"于中国，并且反向输出到了国外，在更加广阔的市场中展开了激烈的角逐。

2016年10月，摩拜宣布进军新加坡。尽管新加坡只有500万人口，地方也仅只有北京海淀区那么大，但经济却极为发达，而且当地人有着良好的骑行习惯。此外，摩拜选择新加坡作为海外布局的第一站，也有着其自身的优势。摩拜的投资方之一祥峰投资Vertex，就是新加坡主权财富基金淡马锡旗下的子公司。

摩拜在新加坡率先将共享单车投放于校园及MRI车站，这些地方是共享单车需求的热点区域。依托投资方的天然优势，摩拜在新加坡建立了一支较为完善的运维团队，全面负责摩拜单车在新加坡的运营管理。同国内的运营方式一样，新加坡用户通过摩拜的手机客户端，就能轻松查找周边

的摩拜单车，并通过扫描车身二维码的方式解锁使用。据悉，摩拜还与新加坡国立大学、新加坡陆路交通管理局建立了密切的合作关系，共同探讨城市配套设施及设立"摩拜推荐停车点"的事宜。

除新加坡之外，摩拜又将单车投放计划瞄准了欧洲。2017年6月13日，摩拜单车宣布正式登陆全球第100城——英国的第二大城市曼彻斯特。这也是摩拜首次进入亚洲以外的城市。此次进军英国，摩拜计划首批投放一千辆单车，并积极与曼彻斯特的政府部门、城市规划部门一起，寻求更多的合作机会。在当地政府的协助下，摩拜已将部分单车投放在了主要的火车站、主干道和商场、娱乐中心附近，当地的居民只需用手机下载相应的APP，注册自己的账户，就能体验到摩拜的单车骑行。

继曼彻斯特之后，摩拜还计划登陆英国的索尔福德，并计划在未来几个月内覆盖欧洲约100座城市。

在摩拜将眼光投向海外之后，ofo迅速跟进，同样把眼光瞄向了经济发达的地区。2016年12月23日，ofo高调宣布进军全球市场，准备在硅谷和伦敦展开试点，目标人群定位于工程师等极客群体。ofo创始人兼CEO戴威宣称，落脚于这两地的原因是，在北美和欧洲移动互联网的普及程度相当高，目标人群又有着良好的骑行基础，ofo能够较好地满足当地人的短途出行需求。在伦敦的剑桥，ofo运营的前几周采取免费的政策，之后将按每半小时内50便士的标准收取费用，这在国外也是一个很便宜的价格。

2017年2月，ofo也登陆新加坡，在当地分批部署了上千辆共享单车。2017年5月24日，ofo又在新加坡宣布推出当地款新车型aura 1.0。

2017年6月10日，世博会在哈萨克斯坦首都阿斯塔纳举办。作为这次世博会中国馆的官方合作伙伴，ofo抓住机会，立马在阿斯塔纳街头投放了上千辆共享单车。

海外的ofo单车和国内的ofo单车车身不同，ofo会针对海外用户的身高、体型和骑行习惯重新设计单车。与ofo合作的乃是中国百年的自行车品牌——凤凰自行车厂。与此同时，ofo还特意组建了一支外籍工程师团队，力争开发最适合海外用户的应用，并且打造完美的"外国"车身。

继摩拜、ofo之后，小蓝单车也开始击出海外"重拳"。据悉，小蓝单车正在美国组建自己的团队，想从美国的单车市场中分走一杯羹。

共享单车的海外之争，大有越演越烈之势。

和以前互联网企业的海外战略不同，这次共享单车的目标群竟然全都是欧美、新加坡等发达国家。而与之相对应的是，之前的互联网企业，诸如小米、华为等，由于受到专利技术引起司法纠纷的打击，不得不将海外市场的前哨设在印度、巴西、南非等发展中国家。尽管他们也很想在欧美市场占据一席之地，但也不得不忍痛等到技术成熟之后。而用熟悉且被论证的经验去开垦发展中国家这样的处女地，也是一个经过验证的无风险的套利方式。

共享单车则不然，和其他互联网企业身上或多或少有着苹果、微软、谷歌的影子不一样，共享单车是一个全新的"中国创造"，它不惧怕相应的专利问题，也没有所谓的司法纠纷。向欧美进军，是一种实实在在的反向输出。同时，为了快速占领海外市场，它决然地甩开了发展中国家的市场，似乎也是想实现一种从低阶到高阶的流动模式。

"共享单车急于走出国门，盈利不是他们的首要目的。目前看来，国际市场尚有留白，国内各品牌积极将产品投放到国外是为了占领市场，为品牌背书。"大咖网创始人冯华魁在接受《北京商报》的记者采访时曾这样说。

但是，海外的市场固然广阔，受众在共享单车的使用上、通勤需求上却和国内有着诸多的不同，比如不同国家有不同政策，对单车的要求也有所不同。美国就要求自行车的前灯能够照亮道路，而且在300英尺处可以

看见路面；单车的红色后反光灯也必须在500英尺处，能在汽车灯的照耀下明显显示出来；而且车的脚蹬上也需要有白色或黄色的反光器，同样需要在200英尺的距离外就能被人们看见。而在英国，如果人们在夜晚骑行单车，不打亮单车上的灯，还属于违法的行为。

看来，共享单车想在海外受到热捧，还有相当长的路要走。"所以，现在它们发展的重中之重是针对海外市场的差异性对症下药，制定合适的运营模式。"旁观者华魁做了如此的分析。

第二章

共享单车为什么火（一）

　　共享单车的赛道已经涌入了超过百亿元的风险投资，积累了数千万用户。共享单车不会无缘无故地火起来，它背后必然有着深层次的原因。从外部环境来看，共享单车很好地解决了市民出行"最后一公里"的痛点，也符合人们个性出行的理念，加上低廉的价格，种种因素叠加在一起，似乎其不受追捧都难。

01

资本寒冬中为数不多的"风口"

自2015年以来，中国资本投资领域的冬期似乎尤其漫长，不少"风口上的飞猪"被冻死在了路上。

从种子、天使、A轮的投资数量来看，2016年的投资数量只占到2015年投资数量的33%、21%和45%。在这个中国经济进入下行的时间节点上，资本投资也变得谨慎起来，从原来热衷于高风险高回报项目过渡到了一些较为安全的领域。创业者们的融资之路也变得像冰道一样艰难。

但是，资本市场上的钱并没有少，有实力的玩家依然可以在这个冬天里点燃一把火，拿到足够多的资本。这也验证了著名的二八法则，即20%的优质项目将拿到80%的融资额度。而剩下的身子骨弱的企业，就很可能被无情地淘汰。

在这个冬天里的那把火，谁是代表？无疑共享单车可占为一例。

共享单车不断出现在街头巷尾的时候，资本界"现象级产品"由此诞生。沉寂多时的资本开始兴奋起来，它也昭示着在这个资本寒冬里新的"风口"来临了。摩拜与ofo你追我赶，相继通过巨额融资刷新着业界的记录，步入互联网的独角兽行列。

兴奋的还不只是摩拜、ofo，紧跟着其他玩家陆续涌入，背后也都是多方资本的轮番加持。单车生意扶摇直上，在市场和资本中同时激起巨大的涟漪。

从红杉资本的投资逻辑来看，这个资本寒冬里，红杉资本专注的是那些较大规模的投资，为的就是成为业内的独角兽。共享单车规模化的投放、庞大的用户市场基数，加上互联网+、分享经济、城市拥堵、绿色出行这些综合因素，成了资本下注的理想窗口。融资的速度、频率和规模都很好地见证了共享单车的市场热度。

动辄几十亿的资金角逐，这样巨量资金的介入，让共享单车巨头们的腰包变得鼓且圆。有了钱，巨头们也就有了更多腾挪转移的空间，玩红包车、玩免押金、玩广告、深耕二三四线城市，各种玩法层出不穷，吸足了用户的眼球，同样也招揽到了越来越多的陌生用户。共享单车这把火，也因此得以越烧越旺。

当然，燃烧的火焰之后也有着一定程度的烦恼。"在获得融资之后，共享单车的巨头们要考虑的就是如何铺量？如何在平台不断做大的过程中把成本降下来？如何盈利？"一位风险投资家如此说道。

滴滴的创始人程维曾表示，滴滴的成功是看准了移动出行的风口。现在的这些共享单车企业，当然也是看准了这一点，并走上了一条和滴滴前半程微微相似之路。

02

个性化出行成为常态

现在，任谁打开一个手机里面的APP商城，都能轻易地发现里面的商品并不是简单罗列，而是根据你的需求，进行了个性化的推荐，让你瞬间觉得人家的推送竟然也能这么有情怀。

的确，个性化已经成为人们在"互联网+"时代使用产品的重要特征之一。商品的投放、图书的推荐、新闻的抓取，背后的运作无不在朝着个性化的方向发展。

例如，淘宝、京东、亚马逊在页面上会向你推荐"可能喜好的商品"，新浪的"猜你喜欢"，社交媒体上通过好友关系推荐给你的"可能认识的人"……都完全颠覆了以前人们去浩繁芜杂的信息森林里主动寻找的过程，变成了你的"知己"，似乎深知你的喜好。

这就是个性化，它是和大众化相对的一个概念。个性化标志着产品或服务本身的与众不同。

在马斯洛的关于需求与动机的理论中，他认为人的需要由生理的需要、安全的需要、归属和爱的需要、尊重的需要、自我实现的需要五个部分组成。而且这五种需要都是一个人的基本需要，是天生的。在这个需求理论中，用户是一个积极主动的追求者，在社会满足了他们低阶的需要以后，他们的心理就会自然地向高阶的需要进发。

在这个物质极为丰富的时代，人们的消费行为已经逐渐从统一走向分散，加上移动通信、云计算、大数据等科技的发展，较之以前传统的商业模式，注重体验和分享的个性化生活方式已经越来越被公众所接受。拿新闻媒体来说，以前那种一味接受媒体传达信息的需要被极大地满足后，当能够自主选择新闻的权利出现在人们面前，人们自然就会蜂拥而去，以实现"自我实现"的需要。这里面，"今日头条"就是一个典型的例子。

"今日头条"以向用户做个性化推荐为特色，用户可以订阅自己喜欢的频道，也可以给自己不感兴趣的内容贴上标签，进行有目的性、有选择性的浏览。而今日头条的算法排序+人工运营的模式，又让它自己对用户的推荐变得十分精准。正因为此，今日头条上线没几年便累计发展了3亿多用户，日活跃用户数量奔向3000多万，成为新闻媒体界的一个"奇迹"。

个性化，不仅是体现在上述的产品和服务上，出行亦然。

"我的行程我做主"。现在已经不是之前那种出行方式单一的时代，更多的时候，人们会自由选择出行，为自己的出行找"不同"。

以前，人们出行，要么步行，要么挤公交、地铁，要么打车，有条件的自己开私家车，不外乎这几种方式。除了开私家车和打车以外，就得接受公交和地铁固定到站、固定路线以及与他人共乘的特点，完全没有"自主"的权利。而步行呢，太累，到达目的地所用时间相对较长，这一点，

早在几千年前就被人们所认识，但凡有点条件的就会乘坐马车、骡车、驴车或牛车，除非是想要散步欣赏沿途风景。而打车呢，总有一个司机在场，不算完全拥有自己的空间。

私家车算是很好的个性化出行的方式，想去哪里去哪里，想在哪停就在哪停，只不过有时停车位很难找，但这一点在个性化出行中算不上大问题。可毕竟，在中国，拥有私家车的人数越来越多，而且大城市往往限号行驶，今天开得了，明天开不了，不免也让人恼火。

那如何才能个性化出行呢？答案就是共享单车。

共享单车极大化地满足了人们"个性化"出行的理念，将马斯洛需求层次理论中人们对于出行"自我实现"的需要激发出来。共享单车智能化的服务模式，使其完全有别于传统的单车、电动车，而且共享单车一人一车，开启了出行"免打扰"的方式，快慢随意、停行随意，完全由骑行者个人的意志所决定，不存在上述交通工具制约"自我实现"需要的诸多障碍。只要在身体条件允许范围内，它就是人们个性化出行的不二选择。

03

解决了"最后一公里"的痛点

用户痛点，这是当下做产品的人都必须深究的一个词。我们生活在这个世界上，不可能任何事都是一帆风顺的。如果你遇到的问题，很多人也曾经遇到过，但到目前为止还没有找到可以解决的方案。那便代表你找到"痛点"了。

这个"痛点"到底有多么深刻，就看这个问题有多严重了。

早先，有个南方人去东北做烤鸭生意。他从农村收了一大车鸭子往城里运，可是路上忽然下起鹅毛大雪，车在颠簸的土路上走不动了，南方人只好在一处背风的小山丘后面停下来。大雪一下就是两天两夜，许多鸭子冻饿而死。南方人用冻得麻木的手指从死鸭身上拔下一根桄鸭毛，塞进自己衣服里，点燃了木制的拉车，与活着的鸭子偎依在一起取暖，并烤熟已死的鸭子充饥。终于，在他的家人找到他的时候，南方人还剩下一口气。

自此，羽绒服便问世了，附近的百姓再也不用害怕冬天出门会被冻死了。

渐渐地，羽绒服的销售量迅速增加，逐渐风靡北方的所有城市。任何天寒地冻的区域，都少不了羽绒服的影子。如今还有羽绒手套和羽绒裤之类的产品。人们之所以喜欢羽绒产品，就因为它比棉花轻便，且保暖效果也不错，抗风能力也好。这便是利用了"痛点"原理。

在共享单车之前，滴滴出行等网约车平台很好地解决了人们打车难的问题，不用花上好一阵工夫等车、不用担心天气状况，只需要在移动端上点击约车，车辆就会如约前来，带你到达目的地，然后完成支付，行程结束。但网约车却有一个无法解决的"痛点"，那就是无法满足人们的短距离出行需求。

举例来说，通勤上下班的职场员工，每天需要去往就近的公交站、地铁站，或是在公交站和地铁站之间进行换乘。这个距离并不长，通常也就一公里左右。如果用网约车或打车的形式完成这"一公里"的行程，起步价就是好几元甚至十几元钱，肯定不划算。而在短距离出行方面极具优势的单车正好弥补了这一点。

在共享单车出现之后，不难发现，地铁口、公交站都有共享单车的身影，甚至商场周边的单车密度都比其他地方大得多。人们便捷地使用共享单车，不仅将这"一公里"路完全随性掌握，很重要的是，它免去了公交出行的拥堵，也免去了从地铁出来生怕迟到而一路飞奔到公司的急促，以及在公交、地铁上人挤人的别扭。

不只是上班族，平时居家生活的人也都有"最后一公里"的出行刚需。有研究发现，即便是居住在北京、上海这样超大型都市圈的人，平时的生活半径也往往就在居所附近三公里以内，去附近的大型商场逛逛，去就近的公园遛遛弯……如果没有合适的交通工具，确实让人难受。

摩拜单车的负责人曾说："大部分骑车的时间，都在26~28分钟，只有极少数的喜欢锻炼的人会选择长途骑行。"北京市交通运输管理局也曾给出这样一组数据：97%的公租自行车用户会选择在一小时内还车，而不是长途骑行。

上述这短短的几公里及短短几十分钟的"出行"，便是人们的"痛点"。而现在的商业逻辑有一个非常显著的特征，那就是谁抓住了用户的"痛点"，谁就抓住了商机。而解决了用户的"痛点"，就等于拥有了致富的路径。

共享单车正是抓住了人们这"最后一公里"的"痛点"，利用单车这种方便的模式进行对接。它几乎不受任何限制，骑行者可以自己选择出行最近的线路，实现"点对点"的出行。如果不考虑交通安全的问题，共享单车也几乎不受交通路况的影响，大街上"你堵你的"，单车则是"我骑我的，任意穿梭"。

这种解决用户"痛点"，给用户带来方便的举动无疑会大受追捧。因此，共享单车火了，挤走了盘踞多年的黑车大军，也让摩的师傅们的生意冷淡了许多，成了目前都市人们短距离出行中最喜欢的方式，没有之一。

04

便宜，争取粉丝的塔基

很多人都知道，在互联网时代的商业逻辑中，有一个长尾理论。

长尾理论由美国的克里斯·安德森提出的。克里斯·安德森认为，由于成本和效率的因素，过去人们只能关注重要的人或重要的事，如果用正态分布曲线来描绘这些人或事，人们只能关注曲线的"头部"，而将处于曲线"尾部"、需要更多的精力和成本才能关注到的大多数人或事忽略。例如，在销售产品时，厂商关注的是少数几个所谓"VIP"客户，无暇顾及大多数的普通消费者。而在网络时代，由于关注的成本大大降低，人们有可能以很低的成本关注正态分布曲线的"尾部"。关注"尾部"产生的总体效益，甚至会超过关注"头部"产生的效益。安德森认为，网络时代是关注"长尾"、发挥"长尾"效益的时代。

长尾的意义之一在于，大量的小众化参与。比如淘宝，它的大客户可能不多，但是它的客户群足够大。各式各样小众化的参与形成了一个开放的"集贸市场"。马云自己不经营，最初他只是搭个免费的台子，做科技地产。

长尾理论告诫我们，要想获得更多人的支持，就要争取广大小众化的"粉丝"，争取把这部分人的心留住。而留住人心的基础就是免费或是低价。

共享单车的"师傅"——网约车，就是这么做的。

在网约车之间，滴滴、Uber为争取用户，在2014年都燃起过一轮补贴大战。2014年1月10日，市民乘坐滴滴车费立减10元，司机立奖10元；2014年2月17日，乘客乘坐滴滴，立即返现10~15元，新司机首单立奖50元；一天后，滴滴再次提高乘客返现力度，达到12~20元；2014年3月7日，市民乘坐滴滴每单随机减免6~15元……

Uber2014年来华，为了急于打开市场，也采取了优厚的补贴政策，司机只要做满一单，就能获得60元的补贴。如果是进出机场的单子，甚至还能获得高达200元的补贴……

当时的网约车是一场烧钱的补贴大战，而且根本停不下来。因为他们发现，这种疯狂的补贴烧钱的举动越来越有价值，它不是零和游戏，而是正和游戏。

因为补贴，粉丝的数量呈现爆发式的增长。于是网约车商家得出一个结论：与其把钱花在广告上，不如直接用补贴让用户体验产品，吸引粉丝，放大长尾效应。

因为，每个新鲜事物的出现，都有它的时效性。如果滴滴打车软件三五年内都没能发展起来，没能形成规模，很可能就会有其他软件在短时间内代替它。节约了时间就等于变相地提升了它本身的价值。花钱买时

间，时间就会回赠你更多的收益。

共享单车曾经这么做过，现在也在这么做着。

摩拜刚走向市场的时候，打出了1元／半小时骑车的价格。但是ofo等轻骑版共享单车公司出现后，立马将骑行费用降到1元/小时。后来的小蓝单车干脆直接将价格变为了0.5元/半小时，甚至还有小鸣单车的0.1~0.5元/半小时。感到威胁的摩拜单车迅速跟进，轻骑版mobike lite的使用收费也降为0.5元／半小时，但原来的1元/半小时的单车价格并没有变。

在各家共享单车巨头们获得巨额融资之后，"不差钱"的公司们又开始变相地打起了价格战，不仅充值有优惠，而且不定期地还有免费活动。甚至，在单车"红包"活动开始之后，骑共享单车不仅在一定时间内不用花钱，而且还能挣钱。摩拜的红包车就规定：如果用户骑上一辆红包车，2小时内骑行免费，在骑行结束后还会获得金额随机的红包，红包金额随着日期的不同而有变化，最高曾出现过2000元的红包。而且这钱可是能直接提现到"支付宝"等账户的，相当于返现金，这可比单纯地商家返券实在多了。

而对于普通消费者来说，在"最后一公里"的出行方式上，每次0.5~1元的骑行费用，基本上是比公交车还便宜的，经济上完全能够承受。而且如能"幸运"骑上红包车，就等于是赚钱之举。

可见，共享单车虽有一定的收费之举，但补贴、免费政策一个都没少，这些优惠的措施无疑为它们争取粉丝奠定了很好的基础。有了粉丝，才会有后面巨量的收入。一将功成万骨枯，资本的力量总是无穷又残忍。即便你烧钱烧到肉疼，但看见自己的成长心里仍是美滋滋的。

05

市场看上去很饱和，其实空间还很大

现在，只要去稍大一点的城市，就能发现街头上五颜六色的共享单车之海。在共享单车集中停放的地方，远远望去，甚至一眼望不到尽头，红的、蓝的、橙的，炫目耀眼。

可是，这是否代表共享单车的市场就饱和了呢？

答案是远远没有。

虽然对于共享单车的市场体量还没有极为精确的数据统计，但这里提供两种算法，也可对这个巨大的市场一窥端倪。

第一种算法是小蓝单车CEO李刚的说法。

李刚曾说："对于市场容量，目前有一个粗略的算法，那就是每20~30人需要一辆共享单车。"按照李刚的算法，我们以北京市为例来计算一下。目前北京市常住人口2170万人，那所需要的共享单车数量就是72万~108万之间，而目前北京市共享单车的投放数量达到150多万辆，达到

基本处于饱和状态。

但不可忽视的一点是，很多单车用户不光使用某一品牌的共享单车，比如使用摩拜的用户，可能也同时在使用ofo、小蓝、小鸣等。由此推测，北京市的单车市场缺口可能还是存在的。

而有业内人士也认为："在共享单车的领域，即使某个品牌在北京投放了10万辆，但这也不妨碍单个共享单车品牌再达到10万~15万辆的量级。投放密度这个事情如果在半年的时间区间内是不分上下的，不管投放的速度是快还是慢，这都没有本质上的区别，而只有当密度达到一定程度之后，产品才会成为用户做出选择的决定因素。"

再从共享单车在城市中的分布来看，在地铁口、商圈附近的单车密度较为可观，而在居民区、公园附近等，其单车密度则还并未达到人们随心所欲取用车的程度。由此亦可知，即便是在共享单车最早进入的一线城市，其市场体量也还未达到完全满足市民需求的地步，更别说单车巨头们刚刚涉足的二三线城市了。

第二种算法是从市场渗透率上来看。

市场渗透率是对市场上当前需求和潜在市场需求的一种比较。根据公开的数据，目前北上广深四地的单车保有量分别是150多万辆、100多万辆、73万辆、53万辆。再结合人口数量，采用市场渗透率的算法得出这四个城市的渗透率分别是6.9%、4.1%、5.2%和4.9%。

如果将市场渗透率6.9%作为一个城市市场饱和的基准，可以看到，除了北京和广州已经差不多饱和以外，上海和深圳离单车市场的饱和度都还有空间。光这几个城市的市场需求，目前缺口也在几十万辆以上。这里面，即便是北京市的单车渗透率已经很高了，但其投放量也基本位于海淀区、朝阳区等几大主要城区，在整个北京市处于并不均衡的态势，其他如大兴区、顺义区等地方的市场体量其实还是偏低的。

有数据显示，仅仅2016年，共享单车在国内的市场规模就达到了8.3亿元。预计2017年共享单车的市场规模将增长至24.6亿元，比2016年爆涨196%。而到了2019年，或将达到令人惊异的100亿元。

由此可见，在短时间内，共享单车的市场还远远没有达到饱和的程度。这也是为什么现在单车巨头们纷纷开足马力，加大生产的原因之一。

为满足ofo的订单，老牌自行车生产厂商飞鸽开放出20条生产ofo单车的生产线，每条生产线配备70名工人，每年生产单车500万辆，这个数字占到了飞鸽年产能的1/3。

天津富士达和凤凰这两个自行车生产厂商，也在与ofo展开合作以后，将累计为ofo提供每年1600万辆的产能。

摩拜与富士康合作以后，富士康专门为摩拜开辟了单车生产线，年产能达到560万辆。加上摩拜自建的工厂，摩拜的年产能也能达到千万量级。

"这个市场太大了，中国十几亿人口，光存量车就有4亿辆，就是我每天投放10万辆也要10年才能达到这个规模。"ofo创始人戴威曾在接受媒体采访时这样说。

第三章
共享单车为什么火（二）

　　大火的共享单车，除了外部成熟的环境以外，还有其自带的科技和时尚因素。从有桩到无桩，从固定支付到移动支付……共享单车快速而又准确地抓住了互联网新形势下消费者的消费习惯，并且将其合理地应用到了自己的商业模式之中。

01

智能无桩

长久以来，人们都过着"有桩"的单车停放生活。

2007年以前，人们的单车都是"私车"。那时候的小区、厂区、商圈、公共交通站附近都有显著的停车棚，人们需要将单车骑到固定的停车棚后，上锁完成停车。

2007年以后，由政府主导的公共自行车开始进入公众的视野。截止到2017年，全国大部分的二三线城市都有了自己的公共自行车系统，但这些公共自行车没有一款是"无桩"的，它们都设立了专门的地方放置单车的锁止器。也就是说，这些公共单车也必须骑行到固定的地方，再将单车放在锁止器的刷卡区刷卡后，看见绿灯停止闪烁或是听到相应的蜂鸣音，才表示车辆已经归还。用车也是一样，必须到达固定的公共自行车停放区域，才能取车使用。

在有桩自行车时代，对普通消费者来说，用车前需要办卡，使用门槛较高。而对于运营方来说，站点投入也大，不可能大规模地建设站点，这当然就在一定程度上限制了人们出行的需求。

不过，这一切，在共享单车出现以后，就都发生了改变。

现在，在很多大中城市的街头巷尾都能看见共享单车的身影。它们并没有专门的停车桩，只要停放在路边划白线的区域即可；如果没有划白线的区域，停在不妨碍行人、行车的地方也一样。总之，它不需要固定的停车桩，只要合适的地方，爱停哪儿停哪儿。

比如摩拜单车采用GPS-SIM智能锁设计，骑行者在骑到自己的目标出行区域后，只需用手将车锁的锁簧落下，听到"滴滴"的蜂鸣音后即表示完成骑行。同样采用GPS-SIM智能锁设计的还有小蓝单车、小鸣单车等。

ofo虽然不是采用的GPS-SIM智能锁，但也是固定密码的机械锁，用户在骑行结束后随意停在路边的行人区，利用APP点击结账即可。当然，现在ofo也在积极推行智能锁的小黄车，以更方便用户使用。

在取车的方式上，大部分共享单车都是通过扫描车身上的二维码即可使用。ofo则是在APP中输入单车号获取单车开锁密码，输入开锁密码后即可使用（新推出的智能小黄车，在此基础上作了优化处理）。

所有的共享单车，都是采用的无桩方式，且具有一定的智能化程度。无桩这一自由流动的方式受到了骑行者极大的欢迎。骑行者再也不用为寻找停车桩来回奔波，而是只要在目的地附近找好合适的位置落锁即可。无桩模式让共享单车摆脱了固定停车桩和停车点的束缚，方便又快捷，而且省时。仅仅这一个改变，在单车领域的变革可以说就是革命性的。在以用户为导向的互联网经济时代，任何一个方便用户使用的小小变革，也许就能成为你甩开对手的最好利器，更何况这种从"有桩"到"无桩"的革命性变革呢。

02

移动支付

移动支付正在成为各大商家获取现金流的主流。

货币这个东西，从贝币到金银币，再到纸币，再到信用货币……其总是随着技术创新、经济发展、社会组织形态的发展而不断演变。

而现在，现金作为交易手段的时代正在逐渐消失。在世界上的一些发达国家，纸币甚至已经或即将成为历史。丹麦已经允许零售商拒绝消费者用现金支付，而韩国也计划在2020年让纸币退出流通渠道。"无现金社会"的大门正在打开。

在这个"无现金社会"的浪潮中，如果说西方国家步入了信用卡支付时代，那中国就是移动支付在领潮。在中国，支付宝、微信都有着相当数量的用户人群，而二者又都具有支付的功能，给市民消费提供了极大的便利。

2017年4月，联合国环境署与蚂蚁金服等机构一起发起了无现金联盟。在短短一天之内就吸引了1000余家企业加盟，同时中国还有着手机网民数量全球第一的优势，由此亦可见移动支付的风靡程度。

现在可以很容易地看到，在中国的街头，充斥着各种各样的二维码。消费者弯腰低头掏出手机，用手机扫描二维码进行支付已是极为常见的动作。据统计，以杭州市为例，这个城市现在竟有98%的出租车、超过95%的超市和便利店，以及超过80%的美容美发店、餐饮店都支持移动支付。在其他城市，移动支付的比例也在迅速增长。

毫无疑问，一旦移动支付与某一产业紧密地联系在一起，那这门产业就将从中收获巨大的红利。而共享单车正是移动支付的典型代表。

用户在使用共享单车时也离不开移动支付。用户下载完成共享单车的APP后，交纳数量不等的押金（免押金者除外），之后句APP里的钱包进行充值。在骑行结束时，共享单车公司将会根据用户的消费金额，自动从APP中"我的钱包"里进行扣款。无论是缴纳押金还是充值，用户都是在手机上完成的，支付宝或微信均可。

据调查显示，在中国现在各年龄层次的人中，"70后"较偏爱刷卡支付的方式，而"80后""90后"更加偏重于移动支付的方式。从共享单车的用户层级来看，"80后""90后"又是其中的主力军。共享单车公司利用这种移动支付的方式来让用户完成骑行，自然会受到他们的欢迎。

另据调查显示，中国人在小额消费中，也更喜欢使用移动支付进行消费。共享单车无论是押金数额还是充值数额（一般消费都是十元、几十元的充值），均属小额消费。这也是共享单车提供移动支付受欢迎的原因之一。

不得不提的是，共享单车进入市场的2016年，也正是移动支付越来越普及的时候。在这个时候适时推出以移动支付为主导的共享单车，似乎也正好符合了这个时代的主流，使其迅速被喜欢前沿、时尚的年轻人所接受，并逐渐铺展开来，成为一股难以熄灭之火。

03
APP化

在互联网+的经济狂潮中，消费者不可避免地被裹挟进了全民移动互联的时代。在智能手机越来越普及的今天，手机的应用功能也在变得越来越强大。手机上各式各样的APP也开始走进人们的日常生活。

现在打开任何一个人的手机，满屏都是APP，差不多覆盖了人们吃、喝、玩、乐、衣、教、住、行等全方位多层次的内容，让庞大的信息量瞬间改变了人们的生活。

几年前，360、大众点评、唱吧、墨迹天气、飞常准这5款APP免费下载出现井喷时，就预示着全民APP的全新体验到来了。

有数据显示，截至2016年12月，中国网民规模达到7.31亿，占中国总人口的一半还多。我国手机网民规模也达到了6.95亿，可见用手机上网的人并不比电脑网民少。而且，手机体积小、携带方便，Wi-Fi日渐普及，走到哪里都可以用手机上网。即使没有免费Wi-Fi可用，至少我们还有流量。

人们用智能手机浏览网页、聊天、点赞、看节目、玩游戏，甚至谈生意、看文件、开视频会议……手机俨然成为一个缩小版的手提电脑。

庞大的移动端使用人群，APP便捷的生活化、支付感体验，让任何商家都不会忽视开发创新智能手机等移动设备终端应用软件。

而建设自己的APP，便是这些移动设备终端应用软件的出口。APP产品有特定的个性窗口，方便用户查看自己的数据，而企业也可以通过APP让用户更快更好地找到自己关注的信息，并且从中消费。APP设计界面的多样化以及和不同媒体的结合，也让它用起来极富趣味性和参与感。

对于企业自身来说，它们也能通过APP进行营销管理，并且能够自己掌握用户的规模和数量，可以轻易地通过数据对自己的目标客户进行分析，再有针对性地进行推广，扩大受众的范围。

对于用户来说，共享单车的使用、消费都会在APP里完成。共享单车企业将投放的单车进行编号和定位，消费者在手机的APP上发现身边处于闲置状态的共享单车后，就可以开锁使用。

每一个共享单车品牌都有独自的APP。此外，和其他互联网企业合作的共享单车，用户也能在合作方的APP里找到共享单车的进入窗口。例如，从微信的小程序里进入摩拜单车，从支付宝的页面可以进入ofo、小蓝、永安行，从滴滴的页面里也能进入ofo。但不管是自身的APP，还是通过合作方的APP进入，都需要一个APP窗口。

可以说，共享单车就是一个全部APP化的产物，它的收入、数据采集等没有其他的通路。它依赖于人们的智能手机。而反过来，共享单车的使用特征也决定了它在这个智能时代，只能用人们的手机来完成操作。于是共享单车APP化了，于是人们开始习惯于它了。毕竟，它是属于这个时代的，它是迎合时代潮流的，它准确抓住了消费者的应用趋势。

04

时尚+酷炫

在今天的北上广深，各种颜色的共享单车俨然已经成为街头的一道风景。

这些五颜六色的共享单车极具辨识度，完全有别于之前呆板、老套的私家自行车。再加上各大共享单车企业着力于它的外观设计，综合起来看，就不得不承认，这些共享单车确实是够"时尚+酷炫"的产物。

摩拜单车自上线以来，便以"小橘车"的形象展示在公众面前，而且多处运用最新的科技元素。实心轮胎、轴传动系统……这些都让它看上去更加与众不同。摩拜二代mobike lite推出以后，仍然采用实心轮胎，只是链条变为KMC链条，单车也变得更加轻巧，车身重量约为17公斤。

除此以外，摩拜二代的车筐上还配备了太阳能发电板，用以给车身的智能锁供电。而此前的摩拜单车，则是靠骑行者骑行时的机械力来发电。不管怎样，这些设计元素都在一定程度上保障了它"时尚+酷炫"的本质特征。总的来说，摩拜总给人一种外观抢眼、高科技的感觉，让消费者总有上去试一试的冲动。

而摩拜的竞争对手ofo，一身轻巧灵便的黄黑装，给人一种"萌萌哒"的视觉冲击。ofo独具心裁的车身颜色，让它在群车之中看起来也十分显眼。同时它的设计也显得颇为贴心，大小两种型号可分别对应男生和女生的身高比例。由于ofo车身轻巧，因此骑起来也较摩拜单车省力。

在摩拜和ofo之外，其他品牌的共享单车也是各有特点。

小蓝单车有着一股小清新的范儿，车身整体深蓝色和黑色的喷漆，车轴白底反光的安全标识，使其在夜间骑行有着一定的安全保障。其双面螺旋设计的踏板，也会让骑行者的骑行轻松便捷。

小鸣单车的外观结构则有点类似于mobike lite，只是其整体车身为湖蓝色和白色。其车体的线条也显得更加硬朗一些，给人一种轻快休闲的感觉。

甚至在2017年6月，街头还出现了亮瞎眼的土豪金版的酷骑单车。金灿灿的车身让你路过时不禁回头多看一眼。

在武汉，甚至还有车身涂成黑白线条的"斑马车"在悄悄等待自己的爆发。

……

从各家共享单车的"颜值""身材"和骑行体验来说，各家单车都是各有千秋，但基本都有着"时尚+酷炫"的典型特征，迎合了现代人的审美体验，让人感觉到这个世界整个都不一样了。骑行者在骑行时，也自觉地会有一种"拉风"之感，可以奔走相告，也可以拍照耍酷，这也是共享单车大量吸引受众的重要原因之一。

05

绿色出行

随着城市化进程的日益加剧，城市汽车保有量大幅攀升，城市的环境问题也就日益凸显出来。例如每年肆虐各地的雾霾，便是环境污染问题的冰山一角。

据统计，北京市2016年空气中颗粒物日均浓度未达标的天数竟占到了168天，占比45.9%。北京、济南、哈尔滨等城市的拥堵指数也高达2左右。在这些因素的共同作用下，城市出行的效率大大降低，政府、资本以及用户对出行环境改善的意愿也都变得愈发强烈。

而在出行的交通工具上，不同的交通工具有着不同的交通能源消耗和碳排放量。在交通能源的消耗上，燃油小汽车每百公里的能源消耗最大。而同等状况下，公共汽车的能源消耗只有燃油小汽车的8.4%，电车的能源消耗只有燃油小汽车的3.4%，地铁的能源消耗则约为燃油小汽车的5%。在碳排放量上，燃油小汽车同样高居榜首，每消耗1升汽油会排放二氧化碳

2.34kg左右。同等状况下，飞机的二氧化碳排放只有0.18kg，长途大巴、公交车和火车的二氧化碳排放则只有0.062Kg。

由此可见，虽然燃油小汽车也能达到个性出行的目的，但它却是加剧环境污染的罪魁祸首之一。曾有相关专家做过这样的计算，称如果我国的私家车都停运一天，那么就会直接减少汽油消耗4万吨，减少尾气排放14万吨。尤其是这减少的14万吨尾气排放，竟然相当于增加500亩森林而产生的污染治理效果。

于是，长久以来，我国政府及各级地方政府都大力倡导"绿色出行"的方式。节能减排、无碳生活，不仅是一种认知，而且是一种趋势。

出行，是人们不可必免的生活方式。但是，选择一种什么样的方式出行能达到节能减排的目的，是值得我们去思考的。尽管个人贡献的力量可能微乎其微，但是聚沙成塔、集腋成裘、积细流可以成汇海、积跬步可以至千里。因此，从点滴做起，绝不可忽视。

而在绿色出行的方式中，单车算是最为环保的一种了。毕竟单车出行是纯靠人力推动，无所谓能源消耗和碳排放量等指标，是绝对的"尾气零排放"。之前公共自行车的推出，在很大程度上也是基于这一方面的考虑。《中华人民共和国节约能源法》规定："鼓励使用非机动交通工具出行。"《中华人民共和国大气污染防治法》也规定："城市人民政府应优化道路设置，保障非机动车道的连续、畅通。"

因此，共享单车在满足了人们短距离的出行需求之外，也契合了我国政府提出的"绿色出行""健康中国"等理念。它在被人们大量使用的同时，也在促进私家车出行数量的降低，减少了城市中二氧化碳的排放。

从另一个角度来说，共享单车也是治理"城市病"的有效手段。现如今，各大城市拥堵情况极为严重，首都变为"首堵"，让开车上路的新老司机们深恶痛绝。而共享单车的出现，不仅不会让骑行者拥堵在路上，而

且在短距离的出行上，也让人们不再愿意开车，这对一个城市的发展有着不可言喻的好处。

　　"对付雾霾和拥堵，我们太多人都依赖政府来行动，很少有人可以想着自己上。我们的初衷，就是'全民参与治霾'。"摩拜的CEO王晓峰曾这样说。

第四章

摩拜 VS ofo

从共享单车出现以来，摩拜和ofo就是
这个领域当之无愧的领骑者。但在"共享单
车"的大旗之下，两家却又似乎有着截然不
同的商业模式。然而，同样的用户群却又让
他们不得不互相较劲、厮杀。

01

摩拜

在自行车的设计上做文章

作为共享单车的先行者和现在这一产业领域的领头羊之一，摩拜也许算得上是最专注于自行车设计的了。

摩拜单车创始人胡玮炜曾这样说过："让一个城市更适合骑行。"这或许可以理解为摩拜花大力气对单车进行设计的初衷。

但是，过程并没有像胡玮炜想象的那样一帆风顺。

一开始，摩拜团队基于共享单车的特性，并在观察私人自行车日常容易出现的问题后，对自己想象中的产品提出了几点要求：一是轮胎实心制造，这样不容易爆胎；二是无链条传动，以免行驶过程中"掉链子"；三是车身不用担心生锈，全铝合金制造。

摩拜本来是想把带着这些设计理念的单车的硬件外包出去，可几乎没有供应商愿意接单，这让摩拜感到十分尴尬。毕竟，这些厂家要按照摩拜的单车思路生产出一台这样的单车，就得重组生产线、重构供应链。无奈之下的摩拜，只好选择了自己建厂。

自己建厂也就有了自己可控的思路，摩拜得以放手在设计上做文章。为了满足上述的几点要求，摩拜向业界征求设计方案。在经过多轮的设计比较后，摩拜最终采用了一名爱好骑行的汽车设计师的方案。

在这份设计方案的框架下，摩拜单车最终得以实现实心轮胎、轴承传动的制作，使得车体不容易损坏，车身也运用了SC-7000超强航空铝合金，解决了车身容易生锈的问题。摩拜单车比普通的单车车体安全两倍，但其车体重量也达到了25kg，是普通单车的两倍，而且无链条的轴传动也会让骑行者感到比较费力。这也是刚开始的摩拜单车让人后病的地方。

除了这些地方，摩拜在单车设计细节的掌控上也非常到位。

智能锁

摩拜的智能锁采用卫星定位，支持北斗和GPS两种定位模式，随时与云端保持连接，车辆所在的位置和当前的状态都会及时显示在用户的手机APP中。而且在使用时，用户只需拿出手机扫描车身上的二维码，不出意外的话，10秒内开锁不是问题。

电源

摩拜单车的智能锁需要有持续的供电才能保证正常使用，但它采用的又是随停随骑的无桩停车模式，不可能给单车一个固定充电的地方。基于此，摩拜便设计了一个小型的发电机。骑行者在骑行时，通过踩动单车的机械力，便能转化为电能，源源不断地为蓄电池供电。不过，因为这一设计思路，也造成了第一代摩拜单车让骑行者感觉费力的体验。于是后来摩拜才又在车筐里配备太阳能发电板，以不影响骑行者的骑行体验。

转动车铃

摩拜单车的转动车铃一般放置于车身的右把手上，没有显眼的标志。用户在骑行中，需要辅以车铃时，只需轻轻转动把手附近的塑胶状物体，即可发出类似于车铃的"嘀嘀"声。之所以要将车铃设计得如此隐蔽，摩拜也是出于车铃可能被损坏或丢失的考虑。

车轴

摩拜单车的车轴并不对称，而是采用单边悬壁梁形式的设计，这可以方便摩拜公司快速地为车体更换车轮，但它与双边支撑的简支梁相比，承载能力又要弱一些。

可升降座椅

摩拜最先推出的两款单车其实没有可升降座椅的设计。介于人体个体的差异，这一点便成了很多骑行者"不爽"的所在。为了解决这一点，摩拜开始采用机械式的可升降座椅，加上意大利Selle Royal座椅抗震护臀的配置，终于让骑行者的"屁股"变得舒适起来。

碟刹

早期的摩拜单车采用的是电刹，存在着一定的安全隐患。之后，摩拜开始换成汽车级的碟刹系统，其刹停距离能比其他的传统刹车条缩短15%~20%，且还不会出现频繁使用后的"热衰减"现象。

车筐

摩拜单车的车筐除了Mobike lite之外，其他的看起来都较为笨重，而且车筐的缝隙也较大。摩拜车筐如此设计，主要是为了防止落叶、垃圾的堆积，毕竟摩拜单车是无桩停车，不会有专门的车辆清洁工，因此采用了此类设计方式。而且它的车筐能随车把转动，这也在一定程度上杜绝了用户利用单车载人的可能。

在这些之外，摩拜单车的设计还有很多值得称道的地方，比如车身采用V字形，即便是女生也能方便地上下车；又比如在车流中较为显眼的橙色、清新的logo图案等等，都凸显了摩拜注重设计的范儿。而且，现在摩拜已经发展到了第五代，以前被人们诟病的地方也得到了一些改进。如一开始的实心车胎没有很好的减震效果，摩拜便在推出的新款中采用了陶氏化学PU实心胎来弥补，原来的轴传动让人觉得骑行费力，新款摩拜单车便采用了更为合理先进的汽车级齿轮设计，骑行较旧款省力30%。总的来说，摩拜在基于骑行的舒适度、车体的轻便性、车辆的安全性等方面都下过不少工夫，并且也使其新款的车型变得越来越合理、越来越便捷。

智能定位和智能开锁

在摩拜单车的所有特性中，智能定位和智能开锁的首创使用，是它最值得称道的地方。

"扫码即开锁，关锁即支付"，这一新颖的方式将摩拜单车与传统的自行车显著区分开来。摩拜单车的智能锁也可以称得上是其互联网优势的核心，智能定位、移动支付等互联网技术，都与智能锁有着密切的关系。也正是因为有了智能锁，摩拜单车经济的商业模式才有了数据入口的闭环，得以让摩拜充分地分析和放大市场。

下面，我们即来看看摩拜单车智能锁系统的运转情况。

在摩拜单车的智能锁中，包含有GPS、独立SIM卡和通讯模块，完全连接摩拜后台和云端。举个例子来说，它就好比是一部智能手机，只需一个拨号键就可以拨打电话。摩拜方也可以通过智能锁，完全掌握用户的短途大数据，而这些数据对于摩拜的铺放位置、数量都有着战略性的指导意义。

刚开始的时候，摩拜采用的是"短信"开锁的方式。那时的锁还不依赖GPRS流量控制，而是服务器在接收到指令以后，"发短信"给自行车，

自行车得到响应后进行开锁。这种开锁方式速度比较慢，但是基本不会出现开不了锁的情况。同时，这样也比较省电。在共享单车还没有普及的情况下，如果单车长期没人骑，电量耗尽之后，就会变成"僵尸车"，这也是摩拜单车"省电"的方式之一。

随着共享单车的普及，电量的问题也基本得到了解决。摩拜便采用了由服务器通过GPRS/3G流量来传达指令开锁的模式。毕竟骑行的人多了，开锁速度慢的问题就会逐渐被放大，而依赖GPRS与服务器进行连接，开锁的速度便得以大大提高，如今几秒钟即可解决单车开锁问题。

但是，速度虽然提升了，却又出现了一个令运营方恼火的问题。那就是如果某地GPRS信号并不是很好，就会有开锁困难的情况发生。为此，摩拜方面又加上了手机蓝牙的辅助设施，这样用户在手机中开启蓝牙时，开锁的速度和稳定性也就大大提高了。其原理是用户手机内的蓝牙通过加密，与单车智能锁内的蓝牙配对，成功后便可迅速开锁。这也是现在人们使用摩拜单车时最常见的开锁方式。

同时，加装了GPS卫星定位系统的智能锁，也让摩拜单车的每一辆车清晰地呈现在后台和用户的APP中，用户可以凭借APP中单车显示的地理位置较为轻松地找到或预约到相应的单车。摩拜单车的云技术则能轻易地向单车发出指令，并且准确地为骑行者进行计费。

摩拜方则通过GPS定位和物联网技术，将每一个用户的骑行次数、频率、时间等等，都变成大数据储存起来，再通过云计算能力进行分析，从而为自己之后的运营策略提供可靠的依据。

2017年5月，高通宣布与摩拜和中国移动研究院达成战略合作，表示将充分利用中国移动的2G/4G网络，把高通面向物联网应用的MDM9206全球多模LTE IoT调制解调器应用在摩拜单车的智能锁上。可以预见的是，在未来，摩拜单车的用户也许能够更加精准地识别单车，开锁的速度也将极大地提升。摩拜方则可对单车的投放和调度等，提供更加智能的指引。

在这一方面，摩拜比目前还在大量使用机械锁的ofo的优势更为明显。

高昂的造价和动人的情怀

既然注重于这么细致的设计、这么高的"黑科技"，那不难想象，摩拜单车的造价也会不菲。

众所周知，用户在使用摩拜单车时，往往会缴纳299元的押金。至于一辆单车的造价，据摩拜单车的CEO王晓峰透露：初代摩拜单车的造价在押金的20倍左右，也就是近6000元，这比一辆普通自行车的售价要高得多。

诚然，摩拜自己人的说法或许会含有不少水分。

有这样一则消息：

上海市某男子曾将一辆摩拜单车推回家，想要据为己有，后被警察发现。在警察和检察院介入后，检察官认定该车价值1800元。

但不论6000元还是1800元，这对于单车而言，都是一个偏高的价格。摩拜单车推出之时，提出单车4~5年内免维修，也就是说高昂的造价需要匹配4~5年的使用期。如果将一辆摩拜单车的造价约定为2000元，初代摩拜单车使用一次的费用最低一元，以一辆共享单车每天被使用两次来计算，再排除天气原因，假定一辆单车一年的使用天数为270天，每辆车每年可获得500元的收入，4年下来便可补上2000元的成本。从现阶段的单车市场来看，摩拜收回成本还是有可能的，而且其一辆单车的真正使用量或许会比上述计算方式要高。也就是说，如果不计算折损率，摩拜单车在

4~5年内也许可能达到盈利状态。佢如果算上不小的折损率，其盈利状况就会变得模糊起来。

当然，随着量产的提升以及技术的改进，摩拜单车的造价也在逐步降低。

据摩拜方面的消息，2016年10月，一辆单车的造价已经降到3000元。2016年12月时，再有消息称其一辆单车的造价落到了2000元以内。Mobike lite是摩拜推出的轻骑版，整车重量相较于初代减少了8公斤左右，并且安装了前车筐，原来的动力充电方式也改为了太阳能充电。据称，目前其造价已经降为几百元，而其骑行价格也调整至0.5元/小时。

在高昂的造价背后，摩拜是在宣示自己的"与众不同"，打造那种"不一样的单车"。但是初代的摩拜单车重点只放在了车辆的安全性和稳定性上，影响了用户的体验，因此随后才在市场的检验下做出了诸多改变，想要以此迎合用户。

除此以外，为迎合用户，动人的情怀也是摩拜最常打的一张牌。

摩拜单车创始人胡玮炜曾表示："摩拜不是为了解决生存问题，而是一种情怀。"2017年1月，胡玮炜在极客公园的GIF2017大会上，再次诉说起摩拜的情怀："我一直愿意说科技是中性的。我觉得科技上所有的东西都是人性的折射，科技可以放大人性善的一面，也可以放大人性恶的一面，它取决于你的产品到底是什么样的。摩拜单车的出现和流行，就是想要用科技的力量来无限放大人性善的一面，以及城市的责任感的一面。"

一个产品，如果缺乏情感纽带，是难以带来品牌溢价的。摩拜之所以要将一个产品放大到人性情感的层面，其根本原因就在于此。胡玮炜无论是演讲还是表态，都将摩拜与人性联系起来，就是想激起和消费者的情感共鸣，并营造出摩拜和其他单车的差异点。

看重公关营销

如果上网进行搜索，你会轻易地发现胡玮炜的数据结果，比她所创立的摩拜还要好。而其竞争对手ofo，创始人戴威的数据就不如ofo。

从根本上来讲，胡玮炜是一个很会讲故事的人。

胡玮炜毕业于浙江大学城市学院新闻系，毕业后在《每日经济新闻》《新京报》《商业价值》等报纸杂志当过近十年的汽车记者，其无论专业技能、媒介属性，都确定了她是一个十分善于捕捉用户情绪，并看重公关的人。

而且，从用户的分布情况来看，摩拜更受白领关注，中产阶级者也更容易被情怀包裹，于是，摩拜的公关路线呼之欲出。

我们来看一下胡玮炜的故事。

据胡玮炜自述，她很早的时候就有自行车的情结。大学毕业时，她来到北京工作。最初的行头就是一辆自行车，在经过努力之后她开始有房有车，但她仍然感觉不到畅意，用她的话说就是："我感受不到城市的变迁，感受不到天气的变迁，也感受不到这个城市的活力，我淹没在汪洋的车海里的时候，经常想，我当时为什么要来到这个城市。"

为了找回"初心"，胡玮炜甚至又买了一辆自行车。但她又发现这辆车成了她的负担："因为当我想骑的时候，它往往不在我的身边，当我不想骑的时候，我又害怕它丢了，我要照顾它。"

胡玮炜用这样的亲身经历戳中了用户的心坎，以期获得"共鸣"。也确实，她的年龄正是当下中产阶级的年龄层，其经历也和大多数的中产阶级的经历相似，要说不能引起大家的认同，那才有点奇怪呢。

胡玮炜的故事还没讲完，我们继续。

尽管有公共自行车可以改善胡玮炜所说的痛点，但她的骑行经历也让她很无奈。一次在杭州，一次在瑞典的哥德堡，胡玮炜都有同样的感觉：她看见了路边的公共自行车，但她不知道去哪个地方办卡，也不知道要去什么地方交押金。于是她想："我希望我像一个机器猫一样，当我想要一辆自行车的时候，我就能从口袋里掏出一辆自行车骑走。"

这些平实的想法，平凡的经历赋予胡玮炜"普通人"的经历，把她与用户的距离直线拉近，这便是摩拜惯用的公关营销。就像它的口号"让自行车回归城市"一样，处处充满着情怀。

在胡玮炜眼中，摩拜更像是一项城市运动，其目的是改变人们的生活方式，引导人们向"善"。摩拜有一个信用积分制度，每个用户的基础积分为100分。骑行一次积分就增加一分；如果有举报违停的情况，还会增加一分；而如果被举报，信用分会被减掉20分。如果一个用户的信用分低于80分，则其出行成本将从每半小时的0.5~1元上升到100元。

按胡玮炜的说法就是："我们在用技术的力量完善'善'的一面的同时，也要想办法遏制'恶'的这一面。"

胡玮炜的故事的确动人，其信用积分制度也确实能感受到摩拜"公益"的角色。但无可否认的是，这掩盖不了其进行公关的营销本质，终极目的也是为摩拜的商业蓝图做出的筹划。胡玮炜的情怀，也可以理解为是给公众"戴帽子"：骑摩拜很文艺、很公益。

不仅胡玮炜，就是摩拜本身，也会每天都会产出新闻，而且正面的、负面的都有，涵盖各种角度。从公关的角度来讲，无疑就是一套组合拳的打法，持续不断地给公众讲情怀、抓取眼球，也让摩拜的"品牌特性"持续维持高位。

摩拜单车诸多的"黑科技"和优势面，也使其不能通过简单的广告语全部道明，于是他们选择由CEO出马，写文章、做演讲、发视频。摩拜在各个方面做公关，以期把用户的注意力从产品本身转移到摩拜的企业使命和情怀上来，从而渐渐忽视摩拜初代给人造成的"笨重"感等不好的体验。

同时，在自媒体如此发达的时代，摩拜在媒介上发力，也可以成为变相的广告。胡玮炜说了什么，也就有无数的自媒体或网络人和她一起说。在这种网状辐射的公众的传播中，众人对摩拜的认知度也就"水涨船高"起来。

02

ofo

从校园到校外

如果从时间节点上来看，打上"共享单车"牌子的，ofo比摩拜还要更早。

ofo的创始人戴威2009年进入北京大学光华管理学院金融系进行学习。爱好骑行的他，在北大加入的第一个社团即为北京大学自行车协会。在长期的拉练过程中，戴威更加热爱骑行这项运动。2013年，戴威毕业后去往青海省大通县东峡镇支教，也是一辆山地车助他往返。"我觉得骑行是一种最好的了解世界的方式"，这是那时的戴威炼成的格言。

戴威回到北京后，攻读经济学硕士。也就是在那时，他开始和张巳丁等朋友一起筹划一份"自行车的事业"。

就这样，2014年4月ofo创立，创始团队是包括戴威、张巳丁在内的5名北大骑行爱好者。一开始大家的想法是和租车点合作，做"骑游项目"，如做"环青海湖399元"。但这一项目很快就以失败告终，戴威不得不琢磨新的项目。

从北大校园走出来的戴威这会儿开始思考新的问题。在校园里，自行车是广受欢迎的交通工具。但是学生骑车出行，丢车的情况总是发生。戴威想着：要解决校园里总是丢车、修车烦、找车难的痛点，可以采用"分享经济+智能硬件"的方式，将大家的自行车联系起来。其产品特点是无桩模式，用户通过微信、APP输入车身上的车牌号获取密码即可进行解锁，随取随用也很方便。

戴威团队给产品取名为ofo，因为这三个字母联系起来，特别像一款自行车的外形，让人印象深刻。

2015年9月，ofo在北京大学校园内开始试运行，没想到这一新颖的模式迅速在校园里风靡起来。"再不用担心自行车会被偷了，也不用自己修车，而且随取随用，比原来自有自行车方便多了。"这是很多使用过ofo的学生的心声。ofo醒目的黄色车身，也被学生们亲切地称为"小黄车"。

2015年9月7日，ofo1000多辆小黄车首次解锁，首日即迎来200订单，次日300，第三天达到500……到了10月底，ofo的日均订单已经达到了4000以上。

在北京大学成功运行以后，小黄车陆续开进了北航、人民大学、中国地质大学等北京本地高校，接着又切入复旦大学、上海理工大学等上海的大学，至今已覆盖全国近200所高校。

学生使用小黄车时，只需下载"ofo共享单车"APP或是扫描车身二维码关注"ofobicycle"公众号，注册成为ofo的会员，即可发送车牌号获取密码解锁，归还时就近随地停车、上锁微信付费即可。

校园内的小黄车分为单双号两和，单号车只允许在校园内骑行，双号车则可骑行到校外，但在校外的骑行费用要比校内高出四倍。而将单号车骑出校外的，则将被列入黑名单。

2016年9月1日，摩拜进入北京市场，主打城市共享单车的小橙车迅速获得媒体的关注。埋头做校园的ofo这时才意识到，自己还是走慢了，忽略了城市市场的巨大势能。

于是，戴威携ofo团队迅速调转枪口，开始布局城市市场，与竞争对手摩拜展开了争夺和厮杀。ofo较之摩拜更轻便的车身、骑行时更为舒适的体验也让其如滚雪球般迅速壮大。

进入2017年，ofo又开启了一个"城市战略"的计划，以"一天一城"的速度全力布局城市市场。截至2017年5月3日，ofo已经完成了国内一百座城市的布局，成为全球覆盖城市最多的共享单车出行平台。

不生产自行车，只连接自行车

在ofo创始人戴威决定将ofo转向共享单车时，便向业界宣告了自己的愿景：不生产自行车，只连接自行车。

ofo进入校园之初，戴威就提出做一个平台，用共享的方式收车，意思就是如有学生将自己的车分享出卖，可以交给ofo，由ofo完成改装后投放到市场，供大家付费骑行，而贡献自行车的学生则会得到终身免费骑行的权利。

2015年6月6日，ofo收来了第一辆车，是一辆破旧的山地车。为了纪念这辆车，ofo将它的编号设为带有吉利数字的8808。

之后，ofo又陆续收到了一些单车，至8月底已经收到了一千多辆。收车以后，ofo团队给自行车装车牌、上车锁、喷漆，完成一系列的组装任务后，再将这些车投放到校园。

从这里可以看出，ofo的车并没有摩拜那么多的技术特点，它就是普通的自行车；但与摩拜相比，它的成本也要小得多。

在校园内，ofo的做法也在一定程度上受到了校方的欢迎。因为ofo不仅鼓励学校师生携车加入项目，也在帮助校园进行废旧自行车的回收再利用。按照以往的经历，大学学生在毕业后，一般都会将平时骑行的私人自行车废弃不用。废弃的单车数量非常巨大，长久以来都是一个令校方头疼的问题。对于这些"僵尸车"，ofo就希望能将其中还能使用的挑拣出来，进行改装后再次投入使用。

当然，这一部分由学生贡献的自行车并不能满足校园学生的使用需求，ofo也会采取购买自行车的方式来扩大单车的投放量。但无可否认的是，学生贡献的车辆也占有一定的比例。据悉，ofo首批投放在上海高校的2500多辆自行车，便有百余辆来自学生的闲置车辆。在只开发校园市场的阶段，有四分之一的ofo单车来自于学校师生的捐赠。

在ofo进入城市市场以后，它也一如既往地鼓励市民贡献出自己的闲置自行车，接入ofo的平台，并提供给更多的人使用。共享自行车的市民，会获得ofo平台所有车辆的终身使用权，用1来换取N。对于贡献车辆者来说，这无疑算得上是一个"赢"局，因此加入其中的人不在少数。而且对于社会来说，它也能有效地调动闲置的自行车资源，为城市节省出更多的空间。

同样的，为了保证数量，ofo不可能只依赖于市民贡献车辆的单点收车方式。市场的需求量过大，使得它不得不与第三方自行车生产商开启了造车的合作。目前ofo已经与飞鸽、凤凰等知名自行车企业完成了合作。

与此同时，戴威也提出了一个颇具战略性质的"城市大共享"计划，鼓励全球的自行车生产企业将自行车的整车硬件和服务接入ofo，共同为用户提供服务。

扛起平民化的大旗

在共享单车的"江湖"中，如果说摩拜走的是"制造"路线，那ofo就是绝对的"平民"路线。

在大举杀入市场之时，ofo并没有像摩拜一样做产品和制造驱动，而是搞运营驱动。摩拜在无锡自建工厂；ofo则是广泛收集闲置自行车，或是购买轻便自行车。从这一点上，它与科技含量较高的摩拜不可同日而语，一代ofo就是普通的自行车。

与摩拜的智能锁不同，ofo配备的也是"平民化"的机械锁，用户获取解锁密码后找到ofo的拨轮锁（新的ofo都装有智能锁），从左往右拨动密码盘，使密码对准锁身的黄线，按下圆形按钮便可开锁。使用结束后，则需锁车，打乱密码盘。

ofo采用这种普通自行车，使用户觉得与人们传统意义上的自行车骑行体验非常类似。ofo小黄车轻便小巧，而且骑着也舒适，尤其对于女性来说，ofo不费力的骑行也是值得她们青睐的地方。

在押金定位上，摩拜因为高昂的造车成本，收取299元押金；而ofo起初则只收取99元押金。对于一部分对价格敏感的用户来说，如果ofo的取用同样方便的情况下，他们自然会去选择押金低廉、骑行价格一致或者更低的ofo。学生群体和低收入群体便是ofo的主力用户群。

ofo常被人诟病的地方在于其没有精确的定位系统，这使得人们在寻找ofo单车的过程中只能靠运气。在技术上尚未达到精准定位的情况下，ofo采取了加大投放量的措施来化解。这样，ofo在一个地区的投放密度达到了一定数额，用户放眼望去，可以随意发现身边的ofo，也就在一定程度上化解了其定位并不精确的缺点。但这在一定程度上，也增加了ofo的运营成本。

不过，ofo也并未一直就使用"普通自行车"，而是对用户反馈的难以定位、车体易损坏等问题做过一些改进。其3.0小黄车就对车身的硬件系统进行了升级，如采用转动车铃、三角形车把、实心胎等，此外还有可调节的车座、加固的车圈。

2017年3月9日，ofo推出ofo Curve，首次采用了机械式升降座管设计，用户一只手即可完成座位升降操作。升降座管上还标有身高刻度，方便用户根据自己的身高调整车座高度，以达到最舒服的骑行姿势。

在锁的选择上，由于机械锁太容易被人记住密码，并且开锁烦琐复杂，ofo也推出了自己的智能锁，希望提高自己的定位精度和智能程度，但ofo想要达到摩拜那样的"数据可视化"程度，还需一些时日。而且，ofo的智能锁也常被网友们认为智能化还不够简便，也有太多的技术及产品功能模仿了其它单车。在车锁的问题上，ofo真可谓是一波三折。

不过，智能与否不是用户最关心的问题，用户要求的只是好骑、好找、舒适、便宜。"平民化"的ofo正是着力于用户的好骑、舒适，才得以受到了众多用户的青睐，成为共享单车的"巨头"之一。

看重广告营销

如果说科技感十足的摩拜更看重公关，那小清新范儿的ofo就更看重广告。ofo在广告上的投入力度和优势，在共享单车领域和其他企业已不是一个量级的水准了。

和媒体记者出身的胡玮炜不同，ofo创始人戴威颇为低调，没有那么多故事可讲，也没有那么多情怀可谈。反之，ofo只是普通的自行车，三言两语的广告最能体现它骑行轻便的优势。

于是，ofo可以通过简单的广告，将自己的这一特点放大，抓住城市人流的眼球，告诉大家：骑共享单车，应该去选黄色的那个。

而ofo自身的特点，也让它不具有像摩拜那样的更多的"自传播"特性，它需要发力的就是广告这一硬性的方式，甚至它的平台还可以靠接广告赚钱。

2016年底，ofo率先打响了共享单车领域的广告首枪，在其已布局城市的地铁、居民区和电梯等人流量较大的地方，投放了相当数量的广告。

比起别的公司，ofo也更有资格做好广告。ofo主打的是好骑易用，而且是最后一公里代步的极佳选择，再加上它巨额的融资，使它不在乎广告的成本。ofo大规模地在"挤、堵"人流中投放广告，就是要激发人们的共鸣，让人们不由自主地想起ofo，树立品牌认知，让人们心中形成这样一种概念"我不是在骑共享单车"，而是"我在骑ofo"。ofo就是要达到投资方滴滴的效果，人们不是在说"我叫辆网约车"，而是通常会说"我叫辆滴滴"。正如著名企业家江南春所说的那样："如果你真正找到了那个点（最后一公里代步、好骑易用），利用大规模的广告饱和攻击，撕起口子创建起这个品牌在消费者心智中的认知优势，那么不仅是单量和销售量的迅速崛起，而且会根本性地摆脱同质化和纯价格战的竞争。"

ofo在广告上率先发力也有自己的优势。它趁着资金充足，首先拿下城市最适合打共享单车广告的高地，再往下扫射。之后，别的公司想要进入时，一来广告价格可能上涨，二来品牌认知度也比它慢了一步。这对于其他公司而言，都是头疼的一个坎儿。

2017年5月，ofo的广告营销又有了一个大动作，那就是签约小清新艺人鹿晗，作为ofo的品牌代言人。在共享单车领域，ofo成为第一个请明星代言的企业，在广告营销这条路上，再一次走在了别人前面，让跟随者望尘莫及。现在在地铁站、居民区、电梯，可以轻易地看到鹿晗与小黄车的广告形象，让鹿晗的粉丝不得不为之疯狂。在线上，ofo也大打鹿晗牌，在微博话题、朋友圈、腾讯新闻、今日头条、网易新闻、搜狐新闻等高流量入口，随处都能看到ofo的广告。一时间，人们大有被ofo和鹿晗霸屏之感。而鹿晗本身的形象也非常适合共享单车的广告标杆。青春阳光、活力四射的鹿晗，不正是共享单车折射出来的模样吗？

此外，ofo线上线下的广告语"骑时可以更轻松"，也差不多是硬生生地戳中摩拜的劣势，无限放大着自身的优势。

当然，如果说ofo只看重广告，也不正确，它也有着相当的公关活动，只不过力度比摩拜弱而已。例如2017年4月，ofo推出"每公里都算树"低碳骑行活动，倡导绿色与环保，并请来佟大为、周冬雨、蒋劲夫、袁姗姗、赵雷等明星进行宣传。同月，ofo又与联合国开发计划署合作，宣布在全球推出"一公里计划"，共同推进可持续发展目标的实现。只不过，和摩拜的故事性公关不同，ofo更偏向于拿出实际的行动，其背后的目的不言而喻。

03

其他

永安行：失落的共享单车先行者

永安，可以说是我国的老牌自行车制造商，这是一家位于江苏常州的传统有桩自行车厂商，创办于2010年8月。

在共享单车没有出现之前，永安自行车算得上是由政府主导的公共自行车最大的供应商。在6年的运营时间内，永安自行车的业务模式主要依赖于B2G的两种模式。

一种是"公共自行车系统销售"，即永安自行车厂商完成单车的生产制造，将成品交付于政府，永安不参与后续的运营管理。这一类城市有南京、温州、绍兴、岳阳、珠海等。这种模式的项目周期短，后续风险较低，利润也比较可观。

另一种是"公共自行车系统运营服务"，即PPP模式。永安自行车在将车辆交付政府作为公共自行车后，它仍参与车辆的运营和管理服务。这一类城市有苏州、南通、阜阳、潍坊等。这种模式的合同金额相对较高，同时也有不少后续拓展的机会。永安为此建立了90多家分公司，进行线下的运营管理。

综合六年的运营历史来看，永安的第二种模式越发得到市场认可，其收入占比已经达到永安总收入的69%。截至2016年底，永安已经在全国的210多个城市展开了运营，建成3.2万个租还点，注册会员750万，全年骑行总量7.5亿人次。

但是，在以摩拜、ofo为首的无桩单车面世以后，"羊毛出在狗身上"的商业套路被引入共享单车领域，永安的有桩共享单车就面临着极为严峻的挑战。共享单车巨头们大量烧钱，仅仅一年内或许就比公共自行车六年的总投入还多，并且无桩模式还受到了市民的高度欢迎。

在市场的冲击下，永安开始有意识地探索2C的无桩共享单车。2016年11月24日，永安宣布在成都推出无桩共享单车，并正式命名为"永安行"。其后永安行拓展至北京、上海、昆明、长沙等城市，投放单车5万多辆。

在无桩共享单车里，永安行采用蓝+黄的外观设计，配置有免充气的轮胎和无限防盗锁、前轮减震器、车前筐等。它包含"永安行"和"永安行S版"两款，分别采用手机密码开锁和手机蓝牙开锁的方式。骑车单价是1元/小时，但是如果骑行者将单车停到非机动车的白线以内，则可获得1元的奖励，相当于免费骑行。

2017年3月1日，永安行宣布与蚂蚁金服、深创投等3家机构签订投资协议，融资金额达到亿元人民币。在这之后用户可以通过支付宝、微信和APP三种方式扫描永安行车身二维码用车。并且，永安行与芝麻信用合

作，宣称满600分的信用积分者，可以免押金骑行。

免押金的骑行方式让永安行普遍为人叫好，有很多用户甚至专门晒出了自己的信用积分。可是不久，永安行基于自己的误判，开始退出共享单车的"快车道"，从而失宠于阿里、腾讯等巨头。

2017年4月6日，永安IPO获得证监会主板发审委2017年第48次会议审核批准，它也被誉为"共享单车第一股"。可是就在IPO前夕，永安却以"社会对共享单车的投放和运营管理还存有异议，且尚无清晰的盈利模式"为由，突然宣布了终止融资，主动放弃了"共享单车第一股"的桂冠。

但是，从现阶段共享单车的发展来看，共享单车企业个个几近狂欢，永安行显然有些落寞。而且在无桩共享单车的冲击下，它原来得以盈利的公共自行车模式也必将受到严厉的冲击，压力不言而喻。而当无桩共享单车真正烧向三四线城市时，永安面临的局面也将更加窘迫。从这一点来说，永安行拒绝融资，算得上是痛失了一把"好局"。

小蓝：让运动变得简单和随时随地

在共享单车领域，小蓝单车被业界称为"老三"，排在摩拜和ofo两大巨头之后。

小蓝单车隶属于天津鹿鼎科技有限公司，创始人为李刚。2016年11月12日，小蓝在深圳召开新闻发布会，宣布深圳成为小蓝在全国的首发之城。2016年11月22日，小蓝正式落地深圳，之后进军广州、成都、南京、佛山、旧金山、北京等地。

小蓝以"轻运动"作为自己的品牌理念，力争打造轻便优雅的自行车，倡导健康和环保，专注骑行的安全和舒适，口号即是"让运动变得简单和随时随地"。

小蓝一袭深蓝色的车身，整车重量约为15kg，采用无桩停放技术，随时随地可停，智能GPS定位并结合移动智能应用，一键扫码解锁。用户下载小蓝APP后，打开实时车辆地图，便能通过实时的导航发现周围的小蓝单车。再通过扫描车身二维码解锁用车。骑行结束后，将小蓝停放在公共停车区，手动落锁即可。

小蓝单车普遍骑行价格是0.5元/半小时。但同时，小蓝在发布了变速共享单车Bluegogo Pro及轻运动型共享单车Bluegogo Pro2后，为了迅速打开市场，又推出了半年免费骑行卡的优惠活动。用户花费199元购买半年免费骑行卡，即可在半年内享受不限次数骑行小蓝的权利，而且在半年内只要完成6次骑行，到期后即将199元返还用户。

同时，小蓝也像永安行一样，与蚂蚁金服合作，宣称芝麻信用分达到700分的用户，即可免押金解锁"小蓝单车"。

相对来讲，小蓝单车属于比较好骑的一类，而且其在车身上装上变速器，也是一个颇有吸引力的创新，使其更适合运动型的用户使用。另外，小蓝橡胶外胎+PU实心轮胎，配合高强度铝合金的轮圈，也能让骑行者在骑行中较为平稳。

小蓝的Bluegogo Pro2，甚至号称是全球首款智能共享单车，其车把中间7.9寸的大屏幕尤其显眼，此屏幕使用太阳能充电，有防水防尘的功能，骑行者可以以其导航，并实时观测自己的骑行速度、距离。不过，如此高逼格的升级，让小蓝的单车成本也在直线上升，达到3000元/车左右。小蓝是否能够把控，又是否真的能借用这块屏幕揽到顾客，还是一个未知数。毕竟，是否能够实现弯道超车，用户的安全性是否能不受显示屏干扰，用户是否乐于见到显示屏上的广告，显示屏是否会受到大批量的人为破坏，这些都是需要检验才知道的事。但不可否认的是，小蓝正在削弱共享单车本身的工具属性，而过于去强调其附加的商业属性了。

目前，小蓝单车的累计注册用户已经超过了1500万，日订单量逾500万。

小鸣：做物联网单车的践行者

小鸣单车隶属于广州悦骑信息科技有限公司，创始人为金超慧，曾为校园O2O项目宅米的联合创始人。

2016年5月，小鸣单车即开始筹备。至9月时，即已获得天使投资数千万元。10月底时登陆上海和广州，同时获得1亿元的A轮融资。

小鸣单车一袭浅蓝色车身，整车重量约16kg，配备GPS定位和智能开锁功能。用户下载小蓝APP，完成注册，交纳199元押金，就可以打开APP通过定位系统找到附近的小鸣。此时用户可以在APP上进行预约，预约车辆有20分钟的等待时间，找到车辆后用手机扫描车身二维码完成开锁；骑行结束后，用户手动落锁，然后打开APP点击"结束用车"完成本次骑行。如果办事后还需要使用单车的用户，则可以只上锁而不在APP上点击"结束用车"，这样办完事后可以继续使用。小鸣单车的用车价格为0.1元/半小时起，在共享单车领域算是一个非常便宜的价格。

小鸣的产品策略可以概括为"成本适中，规模化投放"。其整车的成本价不超过500元。同时，它也会收集普通的单车，将其组装上实心胎和智能锁后，重新投放到市场。其车锁也是简单的机械锁结构，除了信息的传递功能，没有其他复杂之处，其链条也是普通单车的配置。

小鸣采取"低成本+高产量+低价"的方式运营，模式则采取半开放平台和城市联运的方式，在二三线城市多与当地合作方联合运营。按金超慧的说法，共享单车在一线城市已经受到了当地政府和市民的接受，但在二三线城市，却需要当地团队合作支撑。

作为后来者，小鸣也算是仔细研究了摩拜和ofo的特点，采取了一些有针对性的措施，如采用蓝牙功能，使车身上的二维码即使被破坏后仍能使用单车。其车身结构也兼具了摩拜和ofo的一些特点，如摩拜的扁平式车架、ofo的普通单车配置。

不过，小鸣最大的特点还是其停放手段"电子围栏"。所谓电子围栏，即是给共享单车的停放划出一个无形的"围栏"，利用物联网芯片发射信号覆盖的技术，让小鸣单车只能停放在"围栏"以内，类似于虚拟的车桩。没有停放在"围栏"以内的小鸣单车，平台会发出警告，APP上也会显示出"电子围栏"的区域，方便用户将车停放在指定的停车点。对于初代的小鸣单车，用户虽然能在"围栏"以外上锁，但上锁后却还会继续计费，平台也会通过短信的方式告知用户；如若用户两小时内仍没有将小鸣停放于"围栏"内，则会加收人工搬运费，直至车辆进入"围栏"为止。但是目前，小鸣的"电子围栏"还处于试点阶段，仅在上海静安区北站街道进行试点，后期或许会逐渐推广起来。

骑呗：着力物联车锁和动能发电技术

骑呗单车隶属于杭州骑呗科技有限公司，成立于2015年7月，创始人为周海有。周海有之前曾创办互联网巴士业务"票牛通"。

2015年底，当时还是"票牛通"的骑呗便与金通科技联合，做了一个"叮嗒出行"的平台，设想是办卡、充值、交付押金一站式解决，用户只需扫描二维码即可租用公共自行车。一开始，"叮嗒出行"在杭州的西湖边上开设了100个服务点。

但是进入2016年，共享单车突然火爆起来，周海有看到新的商机后，决定转型做共享单车，但他并没能与金通科技达成合作意向，于是干脆出来单做，"票牛通"也更名为"骑呗"。2016年11月，骑呗单车正式在杭

州推出。

骑呗科技所在的杭州，正是阿里的根据地。骑呗也就有了不少和阿里合作的机会。2016年11月3日，骑呗与芝麻信用也达成了战略合作，芝麻信用分达到750分的用户，即可免押金骑行骑呗单车。

2016年12月28日，骑呗再次高调宣布，推出2017年全杭州免费骑活动，而开通了租车功能的用户如果在APP中参与投票，则可获得2017年的免费骑行资格。如果投票人数达到50万的数量，则其在2017年面向全部杭州市民免费。

骑呗单车车轮为显眼的绿色，车把、车架为黑色，车辆本身拥有共享单车领域为数不多的物联车锁及动能发电技术。车锁的精密度很高，同时使用了市面上最好的发电花毂。此技术是骑呗历时一年零三个月的时间研发完成的。它GPS+基站+Wi-Fi+北斗定位的系统也能让用户更加方便地找到骑呗单车。虽然如此，骑呗1.0的整车造价也仅有750元左右。不过，骑呗的2.0版本，带有闪电车架和风火轮，由美国工业设计师主持设计，造价已经达到了2000元/辆。

2017年1月，骑呗进入合肥。到2017年3月，骑呗在杭州的投放量则达到2万余辆。但面对庞大如潮的其他共享单车的投放量，骑呗的投放量仍属弱者，即便是在杭州，骑呗的投放量也是少数者之一。在此基础上，骑呗也在有意识地谋求转型，从2C到2B，成为一家提供智能出行解决方案的企业。也因此，骑呗和ofo展开了合作，基于骑呗的智能锁硬件，联合推出了定制版小黄车ofo L1，并已于2017年3月26日投放于了杭州和济南。不过虽然如此，原本骑呗旗下的共享单车仍在运营之中。

优拜：唯一分男女的共享单车

优拜单车，隶属于上海轺轳信息技术有限公司，创始人余熠此前曾在大众点评工作了11年之久，有着丰富的互联网工作经验。

2016年9月，余熠联合三位合伙人共同创立优拜，在共享单车的浪潮下，优拜成立仅一个月，就获得了由中路资本领投的数千万元融资。3个月后，优拜再次获得1.5亿元的A轮融资。

优拜车身多为绿色，用户可通过APP、微信服务号等入口扫描车身二维码取车使用，随骑随停。同时，优拜也与芝麻信用完成了合作，只要用户的芝麻信用评分达到650分以上，即可免押金使用优拜单车。

目前，优拜的产品主要是"哈雷""火星""探索者"。"哈雷"打舒适、轻便牌；"火星"分为绿色男款车和粉色女款车两种，这也是目前共享单车领域唯一分男女的车。"探索者"则采用低跨欧款踏板，让用户在上下车、中途停车等待时更安全、更方便。

在本身的设计方面，"哈雷"采用双弯梁低跨度的车架，座椅高度可调节，细碎花纹外胎可使骑行者在雨天骑行时不至于太打滑。每辆单车还预留了较为贴心的杯托设计，能解放用户双手，更好地提升骑行的安全性。

而"火星"则采用航空级的铝合金材料，拥有全新的带状镂空车架设计，内置三级变速系统。独特的皮带传动系统，保证骑行时不会掉链子，而且骑行也较为省力轻便。除了颜色的区别以外，男款车的车把为弯把，而女款车的车把则为直把。

至于"探索者"，则延续了"哈雷"轻快的特点，但是车身重量有所降低，且采用了低跨欧款踏板，方便用户上下车。

与其他共享单车企业相比，优拜的优势是从上海市政府的8万辆公共自行车切入，而其领投方中路资本又和上海的本土自行车生产企业永久集团关系紧密。除了自行的研发设计，永久集团几乎成了它唯一的单车制造商，包括实心胎和智能车锁的改装，也由永久集团来完成。永久研发单

车，而后续的运维则由原来的公共自行车维护团队来完成，从这一点来说，优拜只是一个"中介"方，对于资产投入而言，它几乎做到了单车领域的最小化。

在投放策略上，无桩的优拜单车将主要面向市中心人流量大的区域，形成区域密度，再逐渐辐射。它力图通过初期拥有的政府自行车快速切入市场，形成流量的入口，再通过自营车辆占据市场，从而以高频低价来撬动低频高价。

Hellobike：差异化定价

Hellobike，又被称为"哈罗单车"。Hellobike是一家位于上海的公司，创始人为杨磊，曾创办了代驾服务平台"爱代驾"，在业内享有不小的知名度。

2016年11月，Hellobike悄然上线，同时宣布完成A轮融资，但融资金额并未披露。

从车身来看，Hellobike比较类似于摩拜，红黑相间的车轮，但其车架为流线简洁的纯白色设计，因此也被用户称为"小白"。Hellobike的使用方式和其他共享单车基本相同，押金199元，骑行价格为1元/半小时。但这个定价和押金并不是固定的，Hellobike方面表示，会根据不同城市或者骑行路线的不同采取差异化的定价策略。例如，用户骑着Hellobike从冷门区域走向热门区域，就会更便宜。因为这相当于用户帮助Hellobike完成了一次单车的调度。如果用户不这样做，为了应对热闹区域的庞大人流，Hellobike也会进行人工的干预，将冷门区域的车辆搬到热门区域中来。

同时，为了方便用户在骑行的过程中临时停车，Hellobike还做出了每天首次换骑15分钟内免费的策略。此外，Hellobike还在业内首次推出了夜间骑行免费的优惠政策。

"当地铁、公交停运以后，夜间的出行需求依然巨大，因此Hellobike上线后官方宣布的第一件事就是夜间骑行免费。我们调研发现，大量用户普遍对换乘存在需求，因此我们推出了用户换乘15分钟免费的措施。"Hellobike的创始人杨磊曾经这样总结。

Hellobike对单车技术的重视度较高，曾对20个城市上万名用户进行过访谈，并且对单车的硬件进行过数十万次的测试。目前，Hellobike已经拥有13项技术专利。其中，用户在夜晚骑行时，Hellobike的车轮还能发出酷炫的反光色，这算是一个比较特别的创新。

目前，Hellobike整车成本约在700元，但基本可以保证4年免维修。

和别的共享单车企业主抓一二线城市不同，Hellobike主动放弃与大佬们在一二线城市的厮杀，而选择了深耕其他企业还未太予以涉及的二三线城市。苏州便是它的首站。几个月之后，它已在苏州、宁波站稳脚跟。在宁波，Hellobike投放了2万辆车，日均订单已在5万左右。

对于这样的策略，Hellobike创始人杨磊认为："全国适合骑行的城市大约在200个左右，不一定非要去挤一线城市的市场。二三线城市目前的竞争压力较小，而且在保持同样的投放量的同时可以达到较高的覆盖率，这是它们天然的优势。"

Hellobike其实也并不排斥一线城市，但如果二三线城市有足够的人口密度和单车需求，将车投放到这样的城市也未必不是一个好的选择。目前，Hellobike虽然还未涉足北京、上海、广州这样的大城市，但在武汉、厦门、天津等地则已受到了市民的广泛欢迎。

Hellobike采用的"LBS虚拟停车指引"技术也得到了不少小城市政府

的欢迎。在山东东营，它成为该城独家运营伙伴，也成了江西省南昌市青山湖区公务用单车的唯一指定服务商。

从某种层面上来讲，Hellobike也显得颇为低调，不像其他企业一样大张旗鼓，但其在二三线城市的耕作速度却并不缓慢。它不盲目扩张，进一个城市，就夯实一个城市，稳扎稳打，并由此取得了不错的成绩。

第五章

共享单车的商业模式创新

谁能想到，共享单车的出现，让一度衰落的单车行业又重新焕发了生机。两个轮子上的自行车，为什么一搭上"共享"，就驶上了快车道？这其中，商业模式的创新可谓关键。

01

共享单车=互联网+媒体+金融

当传统的自行车遇上互联网+，会怎么样呢？答案已经揭晓，那就是共享单车。

纵观各大共享单车企业，无一例外地有着互联网的烙印。2016年，我国国内生产总值（GDP）增长至74.4万亿元，整体经济呈现出稳步增长的态势。智能手机在国民中的渗透率更是惊人，达到75.7%。智能手机几乎已成了人们日常生活中必不可少的工具之一。而随着手机的普及，移动支付等也逐渐成为人们的习惯，这些都为共享单车的渗透和发展提供了良好的基础。

中国是曾经的自行车王国。曾经有一段时间，人们的出行多依赖于自行车。虽然后来随着科技的发展，自行车出行不再是主流，电动自行车、小汽车、地铁等越来越多的出行方式开始取而代之，但自行车出行的用户基础还在，只是人们未找到一个合理的方式使其回归而已。恰巧移动互联网的普及，让企业们找到了让自行车回归出行潮流的最佳方式。五颜六色、时尚感更强的共享单车，让自行车不再低"车"一等，而且自带移动互联网的现代节奏感。同时，它又符合环保、低碳等深层次的社会需求。

通过智能手机，用户便可以轻松地完成找车、取车、停车等环节。也就是说，智能手机成了共享单车获取用户、商业利益的唯一入口。可以预见的是，它必定也是未来的商业趋势入口。

简单来说，共享单车无非就是自行车租赁生意，但就因为先行者将这门生意适时地迁移到了移动互联网的平台上，并借助互联网自带的大数据、云计算等服务，实现了其有别于传统企业的智能化管理。

而共享单车的切入口APP，又会提供相应的信息服务，具有一定信息服务类媒体属性的平台。在互联网的带动下，共享单车又将此类平台的作用无限放大，改变了原来"用户+平台+用户"的模式，而直接变成了"平台+用户"。共享单车提供的APP、服务号直接面向用户，减少了平台的审核和监管压力，用户使用起来也更加方便快捷，也增加了自家平台对用户体验的控制度。

同时，火起来的共享单车又开始成为各路媒体的"宠儿"，自然地积聚起传播的属性，使人们的认知度瞬间被无限扩大。

从另一个侧面来看，共享单车也算得上是一个"金融单车"。2016年，各类资本竞逐共享单车，使得共享单车企业个个"不差钱"。再者，由于共享单车的制造和维护成本，几乎所有的企业都会向用户收取一定的押金：摩拜299元、ofo99元（现已调整为199元）、小鸣199元……这些资金纷纷汇入共享单车企业，成为一个不可小视的"资金池"。外有融资、

内有用户资金相投，巨量的资金也使得共享单车企业能够迅速占领市场和流量，长袖善舞。

因此，如果将共享单车从商业的角度进行拆分，互联网+媒体+金融，当是极为准确的论调。

02

大数据驱动的生态性开放平台

对于各大共享单车企业来说，这场单车共享经济有一个核心，那就是如何提高效率。

目前，共享单车领域主要有三种模式：第一种是打造亮眼的科技、高成本来构建竞争壁垒，倾向于用极致的服务来获取深度的用户，典型者如摩拜；第二种是在普通单车的基础上进行改装，打造轻便的骑行体验，倾向于快速占领部分市场，典型者如ofo；第三种是介于前两者之间，既有一定的高技术含量，也有一定的轻资产元素，共享单车后入局者大多采用这种方式。

从目前来看，摩拜有着更高的技术含量，但初级版摩拜骑行体验不佳，后来做了很大改进；而ofo骑行体验较好，但科技含量有待提升。在市场上，哪一方的优势也没能压倒对方，同时也没有妨碍其他入局者和两大共享单车巨头一起前行。

其实，共享单车的门槛并不高，它们也不是专业的单车制造企业，主要还是互联网性质的公司，要想提高效率，就必得依赖于大数据驱动。例如在什么区域、在什么时间段骑行的人数最多，这些数据能够有效地帮助共享单车企业做出单车投放决策，提升运营效率。

共享单车平台通过具有定位功能以及物联网模块的智能锁，由此向平台反馈用户的数据，之后借助人工智能技术进行回归分析，并根据当地的自然环境和人文环境进行需求预测，就可以实现精细化的运营。

再如2017年掀起的共享单车"红包车"大战，其本质上就是共享单车平台把一些使用率比较低的单车，特意标记成"红包车"，从而吸引用户寻找并使用这些车辆。通过这一方式，摩拜的车辆使用率提高了2.6倍。多家共享单车的"智能停车点"，也是大数据驱动的明证。

共享单车的大数据应用，还反映在线下的运维和高效上。

2017年4月3日，摩拜平台通过监测数据发现，湖南省长沙市的麓山大道、五一大道等地区出现拥堵。长沙本地的运维团队接到消息后，立即加派人手引导用户停车，并在APP中对用户进行实时的提醒。在这样多方的干预下，这几个路段的交通也很快便恢复了正常。

可以说，大数据资源就是共享单车企业的一大宝藏，它能够精准直接地获取用户数据，这使它能够更快地根据用户需求给出应对策略。这与之前滴滴之类的网约车数据还不一样，网约车获取的数据是基于汽车轨迹和载体的，并不来源于用户本身。而共享单车"平台+用户"的模式却能让其去掉数据中"司机"的要素，而直接来源于用户，这样的数据显然更加精准，也更有利用价值。

现在，随着共享单车的用户群不断扩大，各大共享单车平台获得的数据必然越来越多，也会越来越复杂，原来单一的数据将可能变成复合型的数据，而对这些数据进行整合的能力，也将在一定程度上决定各大共享单车企业未来格局的高低。做得好的企业，甚至可以遵循阿里、京东等电商的发展逻辑，在对数据的利用中找到新的盈利模式和利润增长点，获得更加多样的发展道路，实现用户数据的变现。

03

人工智能的重要性和运用

利用大数据进行驱动，其在一定程度上又和人工智能有着很深的渊源。

人工智能在近几年得到了高速的发展。所谓人工智能，简单来说就是一个更好的数据处理和利用数据建立模型的手段。如果把大数据比喻成"石油"，那人工智能就是挖取这些"石油"的工具。

共享单车自运营以来，积累了太多的数据。这些数据就需要利用人工智能技术去分析和预测，用之前的数据预测未来的行为。如对供需的预测，共享单车平台会搜集过去5秒、10秒、1天、5天、1个月、1年的数据，来分析共享单车在这个地点不同时间维度上的交通状况、供需关系，再通过这些数据去预测未来5分钟、10分钟的供需情况。它就好比我们经常使用的搜索软件，平台能通过数据来发现用户在过去的一段时间内搜索了什么东西、点击了哪些网页，从而预测用户未来想要的信息。

举例来说，如果某地铁口A口是密集的商业区，D口是传统的居民区，在每天早晨上班的时候，A口的单车会被很快骑走，D口的车辆则会形成堆积。共享单车在获得此类数据后，利用人工智能进行简单的分析就会知道A口是一个热点区域，而D口是一个相对冷的区域，那单车企业在投放车辆时，就会有意识地在A口多投放一些单车，而在D口少投放一些。

再如影响单车出行的很大的一个因素是天气，特别是气温和降雨对单车出行的影响更大，共享单车平台便会通过机器学习的算法进行天气和定单量的预算，并适时地调整运营的策略。

共享单车的数据来源于智能锁。智能锁联网以后，数据便可以上网流通。共享单车平台将GPS、电子控制和通信芯片放在智能锁上，并让它保持每天24小时在线，单车也就变成了一个数据接收器，对应的商业模式也就随之而发生了改变。扩展开来，任何一个东西能够被装上具有数据接收功能的传感器，并对这些数据精准地加以利用，那么它的商业模式都会很容易发生超前的改变。

这些数据不仅支持运营，也支持一个企业的财务、客户甚至是运维的部门。对于故障车，共享单车企业一般是由调度车辆来进行回收，但是优化调度车辆的路径也要靠人工智能的帮助。共享单车平台一般会先将故障车定位，再利用合理的优化技术规划调度车辆的路径，调度车辆也就能让它的经济效益最大化。

2017年4月12日，摩拜依托物联网平台，正式发行了共享单车领域首个人工智能平台"魔方"。这也是人工智能技术在共享单车里首次大规模的应用，它能在骑行模拟、供需猜想、停放预想和虚拟围栏等方面发挥重要的作用。可以预见的是，随着时间的推移，深度采用人工智能技术的共享单车平台，也会越来越多。

04

重塑连接，让供需变短

互联网+对这个社会的结构、连接、交互等关系都进行了重塑，从而也影响到了一家企业的逻辑与模式。它打破了以前信息不对称的局面，也重新解构了以往企业与用户的关系结构。

互联网+的本质是使云计算、大数据、物联网等技术成为基础设施，用户和企业之间也得以更加便捷地连接和互动，用户也开始越来越多地参与到企业价值链的各个环节，而不再只是传统的销售或服务人员去面对终端用户。

共享单车平台打造的新型"互联网+交通"模式，变得比以前的滴滴等网约车更加垂直化。滴滴是"用户+平台+用户"的模式，而共享单车的平台是直接对准用户。如果说滴滴连接的是供给方（车主）和需求方（乘客），实现了配置效能的优化，而共享单车则是单边的供需交易。自行车厂商把车辆卖给共享单车平台，共享单车平台再向C端用户提供租用服务，并向用户收费。共享单车平台可以直接从用户处获取数据，来快速对自己进行优化，能够真正做到让用户、让需求去驱动市场。

共享单车在获得用户数据后，通过自身平台重组车辆资源、再结构化资源、协同资源、利用智能云技术去进行差异化、智能化的动态匹配，供需方面得以精准地连接起来。

正因为这种更直接的连接，也让共享单车平台对车辆的迭代变得更快、更强。从2016年进入市场以来，不到一年的时间，摩拜便在用户反馈信息的基础上，发展到了第五代。对于以前人们诟病的笨重、难骑等缺点进行了深度的改造，新款车最大的特点是"轻便、好骑"。摩拜新款单车采用全新的工艺和材料，而且进一步降低了整车的重量，全面改进了车辆的动力系统，以让用户骑起来能够更加省力。

在摩拜快跑的同时，ofo也在不断发力。ofo在快速地获取到用户对于ofo车辆定位不准、无车筐等问题的反馈之后，迅速做出响应，加快智能锁的开发，新推出的ofo-Curve，又在用户的骑行体验上升级，提高了座管升降、掌托把套、减震设计等性能，并且配上了车筐。

可见，在供需变短以后，共享单车平台产品的迭代速度都得到了大幅增加，大大扭转了由于市场变化和消费者的需求变化而不能有效应对问题，以致在市场份额上落后于别人的不利局面。

05
把产品打造成储蓄所

从某种程度上来讲，共享单车的运营成本其实是非常大的。

首先每辆单车都是有成本的。摩拜初代单车的成本前面已经介绍过，达到3000元左右。而随着摩拜单车的量产，及技术的改进，单车成本有所降低，但也在1000元左右。相对来说，ofo采用普通自行车的基础，单车成本较低，每辆300~600元。假设一个共享单车企业要投放10万辆单车，以此与每辆单车的制造成本相乘，毫无疑问，这是一个亿数级的巨大数字。

在产品成本以外，各家共享单车企业还要支出不菲的线下运营费用，包括调度的成本、管理的费用和推广的费用。调度的成本又包括雇佣工人调度车辆以及对车辆进行维护的费用。这里面无论哪一项，也都是一个巨额的费用。

这么大的支出如何维持？除了共享单车巨额的融资，就是车辆的押金和充值金额了。

在共享单车发展之初，几乎每一个共享单车平台都需要用户缴纳数额不等的押金才能进行使用，例如摩拜的押金是299元，ofo的押金是99元。而按照用户数来看，摩拜在2016年底已达到千万级别，ofo在同样的时间段则称有3000万用户，按此数量来看，两家公司仅用户缴纳的押金每家就达到了近30亿元。

在这里，共享单车也打破了传统的一人一物的押金模式。在共享单车领域，A用了B产品，支付对于B产品的押金；而C用了B产品，同样需要支付对于B产品的押金。也就是说，同样一辆单车B，可能出现多份押金。

从这个层面上来讲，这些共享单车企业旗下的每一辆单车，都好比是共享单车企业的储蓄所。千万数量级别的单车，就是千万个储蓄网点，其募集资金的速度可比国有银行厉害多了。

而且，用户缴纳的押金其实只有很小的挪动需求，也就是说共享单车沉淀下来的这部分资金是相对稳定的。同时，新加入的用户在不断增加，其资金池里的资金也就会持续扩大，这也是互联网金融的典型玩法。此外，别忘了用户还有巨额的充值金额，以及用户骑行时产生的租金。

凭着这些资金，共享单车企业可以较好地弥补之前提到的成本问题的短板，以用户的钱来壮大自己。再者，如此庞大的资金池，如果投放到金融市场，每年可以轻松地产生数亿元的利润，这甚至是很多大企业不懈追求的目标。可是共享单车企业呢，竟然如此轻易地就将其实现了。这也是共享单车能够在2016年持续吸引投资者注意的重要因素之一。

06

共享单车的拟合型创新

共享单车打开了一个全新的市场。

在共享单车之前，人们出行的"最后一公里"始终是一个"痛点"。而且就城市政府来说，为了解决汽车数量增多导致的城市的拥堵情况，只好大肆修桥铺路，但城市的容积是有限的，桥和路不可能无限地修下去。总有一天，城市政府会发现无路可建、无桥可搭。

既然不能建桥铺路，那为了解决问题，城市政府又转而依赖于公共交通。于是，对于"最后一公里"的出行需求，城市政府推出了公共自行车。

但是公共自行车也有太多的不足：用户要办卡、要到指定的停车点借还车，而且其体量也不足以满足数量巨大的用户需求。但是，公共自行车如何能够前进一步，城市政府并没有找到合适的方法，也就是还没有找到应用互联网解决问题的可能。

这个时候，共享单车出现了。利用互联网的特性，一下子把城市政府很多头疼的问题一股脑儿地解决了，而且也深度地满足了用户的需求。

其实，共享单车无非是应用了一个最简单的东西——移动互联网。就是在智能手机越来越普及的今天，将智能手机和自行车连接起来，再加上自己的平台，就可以实现无数三角形的闭环，实现自己的商业通路。

共享单车的这一创新之举，可以说是一种拟合型的创新，它完成的是一种应用拟合。当智能手机普及开来以后，虽然大家都知道移动互联网时代已经来临，但如何将其变成一种商业模式却长久以来仍在摸索阶段。传统的O2O虽然也在应用这个工具，但那种以陈列的方式覆盖就近的人群的做法，很难发掘出一些新的东西。而共享打车则提供了一种新的人车匹配方式，是车来找人骑，而不是传统的人去固定的地方找车。这便是一种创新，也是自由市场的魔力所在。

第六章

从圈粉到盈利

　　虽然，作为新生事物，共享单车平台似乎还没有找到更好的盈利模式，但是我们有理由相信，共享单车用户群的爆发式增长，意味着其粉丝群的逐渐壮大，而这庞大基数的粉丝群也必然会带来巨额的粉丝经济，这将会帮助共享单车平台找到其他形式的盈利渠道。

01
各大单车的圈粉秘诀

　　"粉丝"这个词恐怕没有人会感到陌生。现在的微博、微信等很多网络工具都可以加粉，只要是玩互联网的，或多或少都有一些自己的粉丝。只不过，大多数互联网用户并没有让粉丝为自己创造价值而已。

　　但共享单车平台不一样，它会通过粉丝来为自己营利，也就是我们常说的粉丝经济。现在的粉丝，就相当于以前的用户。争取粉丝，也就等于为自己争取用户。因此，共享单车平台会努力地吸引自己的忠诚的粉丝，让粉丝们只要有需要，就打开手机APP，寻找自己中意的单车。

　　共享单车的一些特性，使它自然地拥有了"粉丝"属性，比如解决了"最后一公里"的出行痛点，又随用随停，低碳环保。在快节奏的生活方式下，骑共享单车出行既能节约一定的时间成本、经济成本，同时还能起到锻炼身体的作用。因此从一开始，共享单车便为自己带来了大批量的"共享单车粉"，而且这个粉丝群还在随着共享单车的普及迅速增长。

从用户对共享单车的认知来看，用户主要是通过口碑相传和看到在路边停放或被人骑行的共享单车来了解共享单车的。其中，又数看到路边停放的共享单车而得来的直观认知排名第一，达到25%；其次则是看见别人骑行而了解了共享单车的人群，占比19.3%；而通过口碑相传了解共享单车的人，则占19.8%。

从看到路边停放和被别人骑行的共享单车这一点来看，共享单车平台可以通过扩大投放量、在户外媒体投放广告等途径来实现圈粉，但这并非"绞杀"的重点。对于通过积累口碑和用户的深度体验来圈粉，才是共享单车竞争的关键。

举个例子：A先生看到路边停放了共享单车B，但他并不一定在选择使用时，就会真的去选择共享单车B，而是可能会通过对比各平台提供的服务、单车性能，以及朋友间的推荐等，最终选择了共享单车C。也就是说，路边大量停放的共享单车B，如果不能在其他方面有"圈粉"的实力，那它完全有可能为"圈粉"更有优势的共享单车C做嫁衣。

我们这里先说口碑。互联网思维中，有一个词语叫作"口碑为王"。通过口碑来选择产品，已经成为互联网时代的重要方式。在这个层面的背后，是互联网信息正以去中心化的方式在飞速传播，通过社会化媒体，每个普通人都可以是信息节点，都有可能成为意见领袖。

这就意味着，有好的口碑就可能有好的"粉丝"。而如何制造好的口碑呢？就是去寻找产品的引爆点。著名的社会科学家马尔科姆·格拉德威尔曾在其著作《引爆点》中说，我们的世界表面上看上去很坚固，但只要你找到那个点，轻轻一触，这个世界就会动起来。例如一位满意而归的顾客就可能让新开张的餐馆座无虚席，一个涂鸦爱好者也可能在地铁掀起一股涂鸦浪潮。

于是，各大共享单车中的独特之处，就可以看成是"圈粉"的引爆

点。例如摩拜主打的时尚炫彩，ofo主打的轻便舒适，都是它们的"吸粉"利器。其他单车也不例外，在共享单车用户族中，运动爱好者占比达到37.4%，于是主打运动概念的小蓝单车营运而生。如果是情侣，想要拥有骑行同款不同颜色单车的浪漫，那优拜就是更好的选择。这些特点都可能成为用户口口相传的爆点，会在有着同样选择倾向的用户群中迅速传播。

这就好比是腾讯的熟人关系链和优酷的独家视频一样，能给用户提供独一无二与熟人交流的地方、能看到独一无二的视频。这些竞争的优势，都是"圈粉"最重要的招数。

这也在一定程度上说明，要利用好用户的口碑，就要有具体的产品特性。如果你的产品还能超越用户的预期，那就更好。超越预期的东西，也会迅速形成口碑，为"吸粉"创造最大的便利。

如果是对价格敏感的用户，最好的招数就是"免押金"或是"免费"骑。在摩拜秉承着收取押金不变的情况下，ofo等单车平台与芝麻信用达成合作体系，宣布"芝麻信用达到×××分者，可以免押金"骑行。仅此一点，就为他们吸引了大批"粉丝"。

另外，ofo的广告效应也在逐渐累积。鹿晗骑在单车上酷酷的照片吸引了大批年轻时尚的人群。骑在ofo上拍照成为很多年轻人的又一爱好，仅此一点，便让ofo获得了不少年轻人群的喜爱。

还有一个层面，就是对于新用户的吸引。共享单车领域，无论是摩拜还是ofo，都在大量地运用一招，那就是将自己的单车入口切入到别的APP里面，从而将别的不冲突的APP的粉丝，也拉入自己的阵营。比如ofo接入滴滴应用、支付宝应用，因而获取了大量的滴滴和支付宝"粉丝"；而摩拜接入微信小程序，又相当于是得到了几亿微信"粉丝"的保驾护航。有数据表明，自从摩拜接入微信小程序以来，摩拜单车月活跃用户环比增速就超过了200%，每日新增的注册用户甚至有超过50%来自于微信的小程序，完美地体现了"开放"的巨大拉动作用。

　　得益于此，2017年5月19日，摩拜更是提出一个"摩拜+"开放平台战略，宣称要全面布局"生活圈""大数据""物联网"三大平台。"生活圈"无疑是一个涵盖面巨大的设想，与人们"生活"相关的金融、出行、通信类品牌中国联通、招商银行、中国银联、百度地图成为首批进驻摩拜"生活圈"的品牌，纷纷在自己的APP端口增加摩拜入口。不难预知，这几类品牌的"粉丝"又将大量地转化为"摩拜"的粉丝。

02

粉丝的忠诚度有多高

圈粉容易留粉难，这是每个互联网企业都感慨的问题。毕竟对于企业来说，留住粉丝才能进一步进行转化。而粉丝能否留在某一个共享单车的平台，又是靠粉丝的忠诚度来决定的。

对于粉丝的黏性和忠诚度，目前各机构给出的数据，似乎有着不同的看法。

艾瑞咨询发布的《2017年中国共享单车行业研究》显示：从2016年11月到2017年2月，摩拜单车的活跃用户呈整体上升趋势，2月末达到769.3万人，比2016年11月增长了455.7万人，环比增长速度为145.3%，在整体出行用车服务行业中，摩拜的渗透率达到13.9%；同期，ofo活跃用户也在稳步提升，在2017年2月末时达到369.1万人，比2016年11月增加288万人，环比增长速度为355.1%，其在整体出行用车服务行业中的渗透率达到了6.7%。这里体现出来的是摩拜的用户覆盖优势较为明显。同时，摩拜也是在各共享单车平台中，使用用户最多的一家，其次是ofo。

而根据TrustData发布的最新数据，在2017年3月，共享单车新增用户达到了1093.5万，其中ofo的独立用户占比又比摩拜高出约20%，似乎ofo才是真正粉丝数最多的共享单车平台。

另在易观智库发布的《中国互联网单车租赁市场专题分析2017》中，从比较代表粉丝忠诚度的"次月留存率"来看，也是ofo占据榜首，达到了62.1%，而摩拜只有50%左右。从另外一项用户黏性的指标来看，ofo也是领先于摩拜。优异的骑行体验、轻便的骑行感受和覆盖城市的广泛，都是ofo吸引粉丝的利器。

但是我们也应该看到，很多共享单车的粉丝都是摇摆的，对于"共享单车"这么一个新生事物，他们还没有达到完全为某一品牌而"痴迷"的地步。在用户群中，同时拥有摩拜和ofo账户的用户就不在少数。

据统计，早在2016年10月，就有超过21万的用户是摩拜和ofo的共同用户，到11月时已达到近50万人，2017年1月更是已经有了121.56万人。由此可见，在现在这个以千万级为单位的用户群中，这样的人绝不在少数。从这一点可以看出，用户对于共享单车的忠诚度还达不到留住用户的程度，更多的用户是哪家好骑、哪家好用，就用哪家的产品，随时可以交换着骑。

因此，在各大共享单车平台今后的主攻方向中，培养用户的忠诚度该是重中之重，也就是要逼着企业去采取更加精细化运营的手段，来期望留住用户。

在这一点上，无论各大单车怎样发力。但有一点是可以肯定的：传统企业那种先通过广告砸钱砸出知名度，然后再做品牌美誉度，最后去维护用户忠诚度的方法已经过时了。曾经一手主导了小米"粉丝营销"的黎万强曾说："粉丝营销的第一步，是要把情感营销做到极致，首先建立起用

户的忠诚度，有了用户的忠诚度，再通过口碑传播使之不断强化，最后在广泛口碑的基础上做知名度。"黎万强的论点，应该代表了互联网时代粉丝营销的基本声音。

于是，自媒体发力、加大和粉丝互动的力度、更深度地玩弄情怀等等招数，或许以后将成为各大共享单车企业培养用户忠诚度的常规手段。就像文艺青年用着豆瓣，就好像有归属感一样。共享单车平台本身有着可观的大数据和物联网技术，这是其优势所在。通过这些技术能够积累起用户的行为属性，再结合用户注册时提供的身份信息，就可以为用户进行精准画像，就可以将用户分成不同的群组，进行用户聚类，再以情感拉动的方式，让不同群组的用户产生对自己的归属感。

甚至，各大共享单车平台还会采取包括引导用户骑行、鼓励并奖励用户现金充值、会员制等手段，使用户被动忠诚。最近常见的"充100送110"等活动便是一例。用户有了较大额的充值，自然也就会在某一时间段内被动地选择某一款单车。当然，这种忠诚度只是暂时性的，如果用户的认同度不够，那他完全有可能在用完充值金额后再去选择另外一家的单车。

03
用户足够多就是有价值的产品

2017年4月13日，摩拜单车创始人胡玮炜在成都，与成都市政府签署了《战略合作框架协议》。在签署仪式前，胡玮炜做了这样一番演讲：

我们传统的商业模式是生产出一个产品，如何把它通过各种渠道销售出去。而在互联网思维中，一个产品只要它的用户足够多，它就是非常有价值的，这也是互联网巨头成功的原因。

到目前为止，共享单车的用户数量已经十分庞大。2017年3月，共享单车的整体用户群已经超过了3000万人，核心用户主要集中在一二线城市，占比超过80%。而随着各大共享单车向二三线城市及海外渗透，共享单车的用户数还会大规模爆发式地增长。

"用户足够多就是有价值的产品"，胡玮炜没有说错。

现在我们回过头来看。苹果已经售出了超7亿台的ios设备，微软有超过15亿的活跃用户，扎克伯格的Facebook也有11.9亿用户，亚马逊也有2.15亿活跃账户。可不能小看了这些数字，对一家企业而言，这些数字的背后，就是巨额的商业利润。

2013年，《财富》杂志曾做过报道，称每位iTunes活跃用户，每年都可以给苹果带来48美元收入，而每个Twitter的活跃用户，每年会在Twitter上支出约1.36美元，按照Twitter的股价来推算，每个Twitter的活跃用户，价值为110美元。根据同样的算法，还能得出Facebook的活跃用户价值为98美元，LinkedIn的活跃用户价值为93美元，等等。

从这个层面上来看，共享单车的每一个活跃用户都在为共享单车平台创造着价值。胡玮炜称，摩拜现在每天都有数千万的活跃用户。这些活跃用户，便可能是摩拜盈利的关键。

活跃用户的多寡，在于用户对产品是否认同。如果是做一个小众的产品，你的用户只有几千人，这时用户的数字可以相对不那么重要。而如果你是做一款大众的产品，你和每一个用户的连接很弱，你只能通过产品的价值性去求得用户的关注。这时候，用户对你来说就只是数字。更多的活跃用户，代表你的产品更有价值，也更有可能为你创造更多的价值。

因为当产品获得了足够多的用户时，企业要考虑的最大问题可能就不是继续获取用户，而是如何从用户身上赚到足够的钱。而这一点的前提就是用户有足够的忠诚度。

比如你去菜市场买青菜，卖菜的老王在你买了菜后，还送你一把小葱，并殷勤地说道："下次再来光顾啊。"这样你便很有可能成为他那菜店下次消费的潜在用户。共享单车的运营也是一样，在用户足够多的基础上，还需要拼命地去增加用户的黏性、提高留存率，以便为自己创造持续高数量或是逐渐增加的活跃用户数量，为自己创造出更大的价值。例如，如果能让用户高频次地打开某款共享单车应用，那这款共享单车就可以在骑行之外，拓展其他的消费场景。

04

亏了，赚了，这笔账该怎样算？

"共享单车"这个新事物，从火起来到现在，才一年多的时间。热闹的背后，让人尴尬的是，各大共享单车平台都拿不出一本清晰的"账本"。

如果仅让共享单车平台从用户身上赚钱，那其实，共享单车平台的盈利之路还相当漫长。

我们来做这么一个计算。假如每一个用户每天使用一款共享单车的频次为2次，再抛开现在各大共享单车大打出手的补贴不看，以骑行一次单车收费一元的最大值计算，一辆共享单车每天约能为企业带来2元的收入。

再以一年为有效周期，考虑天气情况对共享单车的使用影响，因此一年如取270天为有效的骑行时间，再乘以每天2元的收入，那么一辆单车每年能为单车企业带来约500元的收入。

500元，对于ofo这样的普通自行车来说，仅仅是一辆车的成本。如果考虑到ofo最近正在行动的添加智能锁设备等措施，500元也许还不够。而相比于科技含量更高的摩拜、小蓝等，500元基本是不够成本支出的。

据统计，一辆单车有效的骑行时间，大约在3年左右。这也意味着，共享单车面世到现在为止还没到一年的情况下，他们基本上没有实现盈利。

况且，以上算式还是各方面取大值的计算，并没有将车辆的损耗率、单车的调度费用等计算在内。实际上，车辆的损耗率是相当惊人的。

2013年初，美国纽约市启动了共享单车计划"Citi Bike"，对于这一项目，花旗银行提供了4100万美元的赞助。在此情况下，Citi Bike在推出后广受欢迎，在当年年底已有超过9.4万人购买了年度会员的资格。但未曾想，到了2014年，Citi Bike出现了大面积的损毁情况，Citi Bike方付出了高昂的车辆维护成本，同时用户还出现了大面积的下滑。危急之中，花旗银行又追加了7050万美元，才使Citi Bike渡过了难关。现在，虽然Citi Bike还在纽约城运行，但"盈利"对他们而言仍是遥遥无期的事。

再将视线转回国内，共享单车的损毁率也是惊人的。经常使用共享单车的用户相信没少看到路边停放的不能使用的单车。据摩拜CEO王晓峰透露，摩拜在上海最初运营的四个月内，损毁率就达到了10%。相比之下，ofo普通自行车的配置，也使它更加容易受损。据企鹅智库的调研，ofo用户上报单车故障的比例甚至高达39.3%。由此可见，单车的损毁率在30%左右，当是一个大概率的事件。更为严重的情况则是，在深圳从事公共自行车运营的凡骑绿畅总经理贾金涛曾预言，在单车投放到一年左右时，其损毁率还将达到一个峰值。

假设一辆单车的成本仍是500元，再假设三辆车中有一辆遭到了损毁报废，那这三辆车的总回本时间就至少会再延长半年。如果再考虑共享单车的热度下降、人均使用频次的下滑，那共享单车平台的盈利将会更加遥远。

因此，各家平台要想出更好的办法将损毁率控制在一定的范围之内，并努力将相关的运营成本降低，才能去谈"盈利"的问题。

虽然，也有人称共享单车的押金使共享单车从一开始就在盈利。但不可否认的是，现在业界对于共享单车押金的流向极为关注，押金怎么使用存在巨大的风险，这也是一个令单车平台非常费思量的问题。

目前，在共享单车企业里，ofo已经明确表示2017年公司会实现盈利；永安行表示会在一年半左右实现盈利；而摩拜创始人胡玮炜则多次表示，摩拜现在还是创业公司，还没有考虑好盈利模式，现阶段最重要的是做好用户的体验。

但是，各大共享单车定下的盈利目标能否实现，都必须建立在将上述问题有效解决的基础之上。有的共享单车企业已经在寻求与公共自行车运营商的合作，公共自行车虽然相对陈旧，但多年的运营经验也使他们更加老练。只不过这种合作能否帮到共享单车企业，依然无法预期。

不过无论怎样，赚钱都是各大共享单车企业的终极目的，即便是宣扬做"公益"的摩拜也不例外。

05

押金带来现金流和资本沉淀

毫无疑问，各大共享单车的押金是一笔庞大的资金。而这在一些专家的眼中，也是共享单车企业赚钱的一个渠道。

目前，各大共享单车基本都要求用户缴纳99~299元不等的押金。而现在摩拜和ofo的用户规模都达到了千万的量级。摩拜和ofo的押金总数早已达到了数十亿元的规模。随着用户群的不断增长，共享单车平台累积的押金总额还将疯长。

这笔庞大的资金当然充满想象空间。从表面上看，共享单车的使用方式为"互联网+租赁服务"的服务场景，用户在使用时要获取单车的解锁密码，或是扫描车身二维码解锁，在骑行结束落锁后才会终止计费。相当于解锁骑车，上锁还车，不落锁就会一直计费，因此不大可能出现"骑走不归还"的情况，但各大共享单车平台还是要执意收取押金。这基本上可以理解为，各大共享单车平台很看重押金带来的资金归集功能。

现在，各大共享单车平台推出免费骑行的活动越来越多，商家似乎并不在乎那五毛一块的用车收入。其终极目的应该是吸引越来越多的用户，归集越来越多的押金。

2017年2月21日，央视财经频道在《第一时间》中也指出，大量的活跃用户为共享单车平台带来了数目不菲的押金，但用户反映押金充进容易退出难的现象却大量存在。

原则上，企业对于押金的退还都应是"秒退"，如果加上银行的处理时间，也不过几分钟到十几分钟不等。而单车平台的声明中，却是需要2~7个工作日。这不免让人猜想单车平台会对押金自行进行一定程度的扣押，通过延迟退还的方式，让"资金池"蓄流，再通过其他渠道获得收益。

还有充值金额，摩拜单车以前最小的充值金额为1元，后来上调为10元，ofo小黄车的最少充值金额为20元。大力度的"充返"背后，也能吸引用户支付更多的充值费用。而用户在充值之后，两家平台均不支持"余额退款"。也就是说，这部分资金也是沉淀在共享单车平台内的，其数额仍然不可小觑。

对此，有专家即表示："单车公司很有可能会将押金和余额用作其他用途，发工资、投资等。"

毕竟，这部分钱能带来极好的现金流和资本沉淀。假设这部分资金，按活期利率0.35%来计算，30亿元一年下来产生的利息就能有上千万元；而如果放在余额宝，以年化3%来计算，一年的收益就能达到9000万元。要知道，这可是互联网金融的基本套路。

从理财的角度来看，如果共享单车平台留足部分备用金，而将这部分资金用于投资的话，其一年的收益将会相当可观。有分析认为，各路资本之所以能看上共享单车，其中一个很重要的原因，便是数十亿元庞大押金带来的现金流。

瞄上沉淀资金的并不只是共享单车企业，现在很多公司都有类似的做法。电商可以让你先购买一年的消费卡，汽车短租公司会让你预付押金，甚至线下的理发店也会让你一次性交上一年的会员费。

由于预付金额的特殊性，资金的使用自然会形成一个时间差。而这个时间差，就会形成巨大的资金沉淀：存在银行里会产生利息收入，用于购买理财产品会得到理财收益，其中的收益当然都归到了公司的层面，消费者不可能拿得到。

虽然共享单车平台对押金及余额的使用、去向三缄其口，但其带来的现金流和资本沉淀却是不争的事实，也让业界对这部分资金的使用情况充满了各种各样的猜想。

06

通过广告和其他形式盈利?

如果排除用户使用付费及押金、充值金额带来的现金流和资本沉淀，共享单车平台最有可能的盈利方式之一，就是通过广告和大数据为主的形式来实现盈利。

广告

在共享单车出现之前的公共自行车领域，大部分城市都是通过政府补贴的形式在存活着，只有杭州等少数城市实现了盈亏平衡。而这其中，比较重要的一点就是依赖于广告的收入。

杭州的公共自行车系统主要由杭州的公交系统进行建设和运营。在设备的建设和车辆的投放上，杭州公交系统每年大约要支出8000万元。在前期，这一部分主要依靠政府的补贴。毕竟，公共自行车有着自然的"公益"属性，向用户收费并不构成它收入的主要来源。

于是，杭州公共自行车开始了广告经营权招标的模式。2016年2月，方视科传媒以2.14亿元的价格，竞得了杭州公共自行车5年的广告经营权，这里面并不包括车身广告。现在，杭州公共自行车每年通过广告能获得超过4000万元的收入。此外，杭州公交集团旗下的金通科技也在通过向其他县市进行技术输出，来获取一定收入。在这样多方共举的情况下，杭州公共自行车也就基本实现了盈亏平衡。

从杭州公共自行车的运营模式来看，广告将会是一个不错的盈利模式，而广告也是很多互联网产品最大的盈利点。虽然现在各大共享单车平台还没有引入广告，但不代表未来就一定不会做广告。

共享单车适合做广告的地方主要有两处。一是APP里面的页面广告，这一点在很多产品的APP里面都可以见到，用户的抵制性不是太强；其二是共享单车车身，例如车身、车把、车筐、车轮后壳等。但是在车身上打广告，会不会影响用户的骑行，用户会不会有一定程度的抵触情绪，则需要时日来进行检验。

大数据

前面已经说过，共享单车各大平台几乎都自带大数据属性，能够很好地为用户行为画像，并且能够快速地掌握在什么时间段、在什么区域用户人数最多等信息。

在这样的情形下，共享单车企业未来就可能以流量来带动商业发展。那些在早期就对用户数据进行了有效收集和分析的公司，后来的转型也会更加容易。

利用收集到的数据，共享单车平台能为用户提供更加贴心的服务，同时也可能找到新的盈利模式或利润增长点。

在共享单车之前，淘宝、天猫等电商的发展脉络已经给共享单车企业

提供了最好的借鉴。这些企业现在几乎不再是一个单纯的购物网站，而是一个又一个的数据收集中心了。利用这些收集到的数据，再来规划商家未来的发展战略，就能为商家找到精准的定位。

另一个层面，共享单车企业也可以通过数据来与一些商家合作，给商家引流。共享单车掌握着用户"最后一公里"的骑行数据，也代表着用户的生活圈，这些都对处于这个生活圈中的商家有着极大的吸引力。例如，在共享单车骑行密度非常大的地段的一家咖啡店，就可以与某一共享单车平台合作，通过单车平台的用户画像，找到潜在的需求用户，为用户提供优惠券来刺激消费，并且加上支付、关注等手段，商家就可和共享单车平台实现双赢。

保险

现在，已经有保险业进入了共享单车领域。众安保险就与摩拜达成了战略合作，协商订立保险协议，为摩拜的用户提供一定程度的保障。ofo、Hellobike也紧随其后，宣布为每一个规范用车的人购买了用车险。其中的区分则是，摩拜与众安的合作是平台责任险，而ofo、Hellobike提供的则是针对个人赔付的意外保障险。

共享单车作为一种交通工具，用户骑行在马路上，当然难免会出现磕碰的情况，于是保险就有了价值，共享单车企业也有理由捆绑保险来进行销售，这也就使共享单车平台通过保险来获得一定程度的盈利成了可能。

健身

骑着共享单车出行，除了"最后一公里"的代步以外，也有很大一部分人群是出于锻炼减压的需要使用单车。在这个方向上，共享单车平台也就有了延伸的空间，比如和一些体育赛事结合等，如此一来既能提高自己的知名度，又能创造一定程度的营收。

第七章

围绕"蛋糕"的惨烈绞杀

如果说2016年是共享单车拼杀的上半场，各家单车在融资、布局、圈粉中"温柔"交锋。那进入2017年之后，共享单车就进入了绞杀的下半场。逐渐饱和的一线城市，共同布局二三线城市，补贴攻防等等，都使得这片战场上"硝烟"的味道越来越浓烈。

01

供应链成为角逐核心

共享单车的火热劲头越来越高时，两大巨头摩拜和ofo的"绞杀"也在变得越来越白热化。

在完成了平台和用户之争以后，两巨头的决胜局必然会转移到供应链上。

假如我们将共享单车发展的阶段分为1.0时代和2.0时代，那么在1.0时代就是规模与口碑的竞赛。在这个时期，摩拜和ofo的布局速度令人震惊。2017年初，ofo在10天内密集进入11个城市的"城市战略"也让人印象深刻。现如今，两巨头已在一线城市和二线城市站稳脚跟，其他企业则重点选择二线城市和三线城市，共享单车的城市争夺战初见端倪。

而在这波"野蛮"的投放之后，共享单车企业显然逐步放慢了单车投放的速度。其中最大的原因就在于各地政府加强了对共享单车的监管，过度投放不可避免地带来了维护的难题，于是电子围栏等技术开始试运行起来。投放速度慢下来了，共享单车企业还想保持行业的领军地位，就自然要寻找到一个数量和口碑之间的平衡点，这就是2.0时代的供应链之争。

我们先来看一下共享单车的产业链。在日渐成熟的共享单车产业链中，上游的供应商成为关键，它衡量着企业的量产能力及迭代速度。这部分供应商包括传统的自行车零配件制造企业，如富士达、飞鸽、凤凰、永久、凯路仕等；包括提供智能设备的科技企业，如华为、小米、爱立信等；还有通信运营商，如中国移动、中国联通、中国电信等。另外就是自主开发的生产线。而共享单车供应链中游就是各大共享单车企业，下游则是衍生服务的提供商，如和景点合作，为旅游人群提供景点代步车；和骑行俱乐部合作，为骑行爱好者提供定制化单车；以及大数据服务、广告投放的合作者等。

这里面，最具决定性的是上游的供应商。谁能掌控完整的产业链，谁就具有了很大程度的竞争优势。

由于从一开始，摩拜和ofo对产品的定位就不同，这也就导致了他们在供应链的产能上也有很多不同。摩拜最初将重点放在产品的设计上，在寻求多家工厂合作无果的情况下，选择了自建工厂，这是一种重资产的模式。

而ofo采用的是联合全国各地的自行车厂，进行采购生产，是一种轻资产的打法。现在，ofo在上游供应商中已经接入了飞鸽、凤凰、永久、富士达等企业，其年产能甚至可以达到1780万辆，再加上从其他渠道获得的单车，ofo满足日益增长的用户需求，量产基本没有什么问题。

为了掌控供应链，ofo甚至与很多上游企业签订了排他协定，使这些企业专门为自己生产自行车，而不能与其他企业达成合作意向。由于各大自行车生产企业所在区域的不同，ofo也得以建立起与工厂点对点的供应链协同体系，并逐步与全球供应链企业布局，实现自己供应链的宽度和广度。

在这个层面，摩拜的布局则要比ofo晚很多。自建工厂的模式也可以理

解为摩拜的"自折腾"，但高速发展的市场已经不允许摩拜再无限期地折腾，于是它也有意识地宣布与代工厂——富士康达成战略合作，通过富士康遍布全球的工厂，专门开辟摩拜单车的生产线，据称年产量可达1000万辆。但是富士康只是典型的代工企业，生产和研发能力并比不上老牌的自行车生产厂商，摩拜依旧不得不依靠自己的设计技术。

这也在一定程度上决定了摩拜的供应链和物流效率，在短期内是不能同ofo抗衡的，而能不能有所提升就看摩拜的行动速度了。

另外，在这种共享单车企业与供应商深度合作的前提下，未来就很可能会造出更多的高端车，用户也会逐渐被细分。目前，国内已经投放了可变速的共享单车，如优拜的"火星"，小蓝的"Bluegogo Pro"。高档单车离我们似乎已经越来越近。

任何平台，高效、协同、创新的供应链都是成功的一个关键，在这一点上，ofo占据了先声。但未来是否会保持，还不得而知。

02

有押金和无需押金

自共享单车出现以来，共享单车向用户收取押金的方式就成了让人诟病之处。

在传统的景区或租赁服务中，收取押金确实是较为常见的做法，目的是让双方的租赁合同有着一定的担保。但是对于共享单车，前面我们已经提到过，本质上用户不存在"骑了不还"的行为，最大的可能就是对车辆带来损毁。但从实际运营的过程中，车辆的损毁情况普遍存在，但共享单车平台却并没有从押金上对用户进行扣款，而更多的是在接到举报后，采取更高额收费的方式。

另外，从法律的层面上来讲，共享单车收取押金虽然并不违法，但这不代表一定要收取押金。

至于为什么共享单车平台还要这么做，有很大可能就是上面介绍的：

押金给企业带来了现金流和资本沉淀。

2017年2月21日，发韧于福建莆田的卡拉单车，因丢失率过高，其创始人林斌向投资人汇报了运营数据以后，投资方决定撤资，并在当天在卡拉单车的用户押金款中将第一笔投资款挪走。而给用户的押金退款，则由卡拉单车创始团队借款进行垫付。

由此也可以看出，如果不加强监管，共享单车平台及其投资方确实有可能利用这数量庞大的押金或充值金额进行某种程度的活动。

小蓝单车的副总裁胡宇沸在接受《每日经济新闻》的记者采访时就曾表示："（共享单车企业）在保证押金随时退还的基础上，还可以用其他的一部分押金继续生产车辆，或者是用来购买理财产品。"

由于话题较为敏感，同时可能涉及"非法集资"的可能，共享单车平台也在进行某种程度的自我约束。摩拜曾宣布，其与招商银行达成了合作，招商银行将对摩拜的押金严加看管；ofo也声称，自己与中信银行达成了战略合作，共同探索共享单车+金融服务的创新模式，也即ofo将把用户的押金托管在中信银行，专款专用，不会用来进行投资。优拜单车也声明，押金将采取第三方监管的模式，不会挪作他用。

其实，对于这部分资金的使用情况，政策方面也在收紧。2013年6月，央行即发布了备付金的存管办法，规范了第三方支付备付金的存放、使用情况。2017年1月，央行再次采取举措，将直接收拢市场上这部分备付金的统一管理权限，要求支付机构将一定比例的用户备付金交存在指定机构的专用账户之中。随着政府监管的不断到位，共享单车企业利用押金进行其他的活动的可能性也会大大降低。

共享单车的一辆车，可能会收取多个用户的押金，这等同于一种融资的行为，"共享"自然就具有了金融属性。而共享单车归集了用户的资金，如若不进行投资的行为，就还需要一些更有力的政策来对它们进行监管。对此，舆论早有动向，央视曾以"押金不能直接退还，数亿款项缺监管"为题作过报道，新华社也发出过《钱去哪儿了？有无风险？如何监管？——三问数十亿元共享单车"资金池"》的质询。在如此高的关注度下，未来对于这一部分资金的政策监管力度将会越来越大。

在这种情况下，永安行首先与芝麻信用达成了某种程度的合作，宣称芝麻信用达到一定的分值之后，即可免押金骑行。随后，ofo、小蓝单车等迅速跟进，宣称与芝麻信用达成战略合作，开启免押金的模式。

2017年3月，ofo利用自己的信用体系，相继在上海推出了信用免押金的"信用解锁"骑行服务。6月6日，ofo又将这一信用服务拓展到了广州。

这意味着一部分共享单车企业，已经告别了传统的"押金模式"，而向"信用模式"迈进。这里，摩拜背后因有腾讯注资，与阿里的联系不大，目前还是采取的"押金模式"。

从某种程度上来说，免押金的消费模式，对于用户的消费体验，必然会远高于传统的押金模式。只要市场有商家采取免押金模式，就可能推动整体市场服务的升级。一般来讲，收取押金是信用体系还不完善的情况下采取的措施，而随着数字信用时代的到来，押金就很可能消失。芝麻信用甚至做过预测，10年以后，中国的所有城市都可能成为信用城市。

显然，免押金已经成了共享单车行业的趋势之一。在这一点上，ofo走

在了前头，而摩拜发布"摩拜+"以后，宣称今后将与中国联通合作，联通用户的"沃信用分"在达到一定程度之后，也可享受"押金沃代付"的优势。只是，这一措施的最终实现还并非一朝一夕之功。

03

红包单车，共享单车的补贴之战

当年，滴滴和快的的补贴大战还让人记忆犹新；而现在，共享单车也走上了滴滴和快的一样的老路，开启了属于共享单车的补贴之战。

进入2017年2月，共享单车就从投入大战，转向了补贴大战。

2017年2月28日，ofo开始用大规模的充值奖励活动揭开了"补贴"的序幕："充20得25，充50得75，充100得200"。本着补贴大战，你便宜我比你更便宜的原则，摩拜也相机而动，很快打出"充20元送10元，充50元送30元，充100元送110元"的大招。细算起来，摩拜最低的充值优惠，也比ofo多了5元。

除此以外，共享单车界早就有的免费骑行活动也算得上是补贴之争。2017年2月24日，摩拜宣布24日至26日的3天全国免费骑行的消息；半天之后，ofo也马上宣布，小黄车也同样三天免费骑。紧跟着，只要橙黄两家共享单车的其中一家推出了免费骑行的活动，另外一家必然央速跟上，生怕

落慢了半拍，流失了用户。

2017年3月23日，摩拜将这次补贴之战再次升级，推出了"摩拜红包车"的活动。用户打开摩拜APP的地图，按照地图的线索找到标记有红包的单车，解锁使用后，不仅2小时内骑行免费，还能获得最高100元的红包奖励（起初）。后来随着红包车的力度加大，在特定的日子，骑行摩拜红包车的幸运者甚至还能获得最高5000元的奖励，而且这奖励还是"真金白银"，超过10元以后就可提现至支付宝账户。

2017年4月16日，ofo也迅速推出自己的"红包车"。尽管ofo没有如摩拜那样精准的定位功能，但也有自己的玩法。用户打开ofo的APP后，寻找带有红色标志的红包区域，在这个区域内的所有小黄车都会是红包车，用户在这个范围内开锁骑行，在经过10分钟以上的有效骑行之后，距离达到500米就可以领得一个红包。红包最高金额5000元，同样可以提现。但是，ofo和摩拜的红包车，都存在一些不足之处，尤其是ofo，被很多人加以利用。

在特别的日子，两家共享单车巨头也是招数频出。2017年5月20日，摩拜推出骑摩拜集贴纸活动，凡是集齐I LOVE U六个字母的人，就能召唤520元现金。ofo也在2017年高考前，开启了高考助力的模式，如果用户能够集齐五款助考幸运书签，就可以获得一份神秘大礼。

烧钱、补贴，这对于用户来说是一个好事情，用户是乐于看到巨头们打补贴战的，就像当初的滴滴和快的之争一样。而且，其对于共享单车行业也未尝是一件坏事。毕竟，适当的行业竞争能促进行业的发展。但是补贴肯定离不开资金的支持。好在，各家共享单车平台都有巨额的融资做后盾，这足够他们玩上好一阵的。

可是补贴之战还没打多久，摩拜就变得克制起来。从2017年5月10

日，摩拜的红包车变成了彩蛋车，骑到彩蛋车才有机会拿奖品。奖品也从原来的"真金白银"变成了合作方的产品，如锤子手机。之前，摩拜的红包车就有意识地设置在那些不活跃的单车上，彩蛋车也是一样的套路，吸引的是那些爱玩游戏又有时间参与的人。不久，ofo也在一定程度上取消了补贴。

似乎，补贴之战并没有像当年的滴滴和快的那样长时间地打下去。在短暂的短兵相接之后，双方就偃旗息鼓了。

其实可以理解为，在补贴之战开打的那段时间，正是两巨头急需提高单车周转率的时期，也就是每辆车的日均使用次数。2017年上半年，共享单车投放量已经达到了一定的数量，用户的骑行习惯开始养成，只是有大量的单车还没被真正利用起来。如果能提高每辆车的骑行频率，共享单车平台就会获得更多的收入。

因此，红包车、免费骑都可以理解为某种意义上为提高单车骑行频率的招数。不过，推出红包车这样的活动不失为摩拜方一个天才的创意，在不知不觉中就将那些难找的车辆利用了起来，同时又增加了摩拜的骑行活动，实现了精细化的动态管理。这样的补贴方式，虽然粗暴，但却很实用。而之后的ofo只是跟进者罢了。

那为什么补贴之战没有惨烈地持续烧下去？

原因之一是，红包车只是一个新鲜的游戏方式，并不会长久地被人尝鲜。一元、两元的红包奖励在一定时间后就会被大多数人淡化，它原有的吸引力也会大大降低。

原因之二是，在共享单车平台不断地将自己的应用接入支付宝和微信小程序以后，可能会有越来越多的用户选择用这些平台来完成骑行。这样，共享单车平台实际上就成了单车的提供方。

　　作个假设，未来所有的共享单车都可以通过支付宝或微信使用时，用户也就少了下载APP的麻烦，并且会不断地换着不同颜色的共享单车来骑。当用户的消费决策变了以后，三导因素就从原来的价格多少就变成了骑行的体验。

04
良好的用户体验才是王道

在很长一段时间内，共享单车都是一个"战国诸强争雄"的格局，谁也没能力一下子吃掉谁。在这样的情势下，竞争就无可避免，如果能够通过不断地更新产品体验和增加用户的骑行舒适度，来获得差异化的竞争优势，就可能持续地赢得用户。

对于用户来说，现在一块或者五毛的骑行费用并不是关键的问题，他们最在意的还是良好的骑行体验。这里指的良好的用户体验，并不单单指的是骑行时候的感觉，还包括各大单车提供的服务、便捷程度等等。市场上有一个规律，那就是好产品是时代的抉择。产品能否在市场上最终胜出，取决于产品的价值，也就是你的产品有没有为用户着想。因此，ofo原来的口号是"随时随地有车骑"，而到了2017年5月，就已经改成了"骑时可以更轻松"。

摩拜单车最先把眼光重点放在了产品上，并没有过多地去关注用户的

感受。但是在ofo加入进来以后，ofo采用普通自行车的设置，其更轻便的骑行方式大受用户欢迎。摩拜也因此被迫做出改变，以"对用户好一点"的姿态出现在公众面前。摩拜推出的Mobike lite就换成了链条传动的形式。

摩拜最新发布的"风清扬"版智能单车，其车架、车圈、车轮都有了更轻量化的体现，据称整辆车连女生都能轻易地举起来；同时它还采用了汽车级的齿轮，用以提升传动效率；并且它使用意大利进口的座椅，可机械式升降。种种因素叠加在一起，摩拜单车方面宣称，这款新车在骑行时，能比上一代省力30%以上，称得上是"最好骑的共享单车"。

相较而言，ofo一直因为骑行的轻便感跑在了摩拜的前面。其迭代速度也不算慢。2017年6月9日，ofo发布了全新的"公主车"，这款单车专为女性设计，双梁结构，线条柔和，车辆整体进行了复古风格的精细化设计，充分结合视觉美感和骑行体验，很好地满足了女性的个性化需求。

但从总体上来说，在摩拜发力以后，在其骑行舒适度上与ofo的差距越来越小。但ofo却有一个普遍存在的问题，就是用户经常找到"缺胳膊少腿"的小黄车。如果用户经常被这些问题困扰，那它带来的骑行体验，也就不会好到哪去。

而且在用户获取单车的便捷度上，ofo也不如摩拜。用户打开APP，可以方便地找到摩拜，却不能方便地找到ofo。于是ofo只能通过在很多人流集中的地方大量投放单车来应对。而且，ofo采用的机械锁（新推出的单车都装了智能锁），用户在解锁上花费的时间也比摩拜更长，这些都是影响用户体验的因素之一。

据称，摩拜新版单车除了更轻便以外，也会更加智能。用户使用单车时，只需打开苹果iPhone的Siri智能语音助手，对着眼前的摩拜车说一句"打开摩拜单车"，单车就能自动解锁。

现在，ofo正在跟随摩拜的步伐上线智能锁功能，但只是一个追赶者的角色。摩拜在前行的路上已经将ofo甩开了一定的距离，在这一点上，摩拜是优于ofo的。

《南方都市报》数据工作室曾做过一项调查，让用户对不同单车的车身设计、骑行体验、APP使用、安全性能、民调口碑、关注度、应用度、实地走访覆盖率等指标进行了测评，在这个总榜和骑行体验上，摩拜也是领先于ofo的。

在出行的领域，滴滴曾经凭借良好的用户体验获得了大量的用户，从而独霸了网约车的一片江山。而现在共享单车也是如此，"诸侯乱战"的结果也很有可能出现"独角兽"。当单车数量和用户的使用频次都趋于饱和时，如果再去生产单车，那就是资源的浪费。而除了资本的支持，用户的体验就会起到决定性的作用。商业的逻辑是，谁获得了用户，谁才会"笑傲江湖"。

05

无休止的橙黄互撕之战

作为共享单车领域的两只"巨兽",摩拜和ofo就免不了会有各种各样的互撕之战。

与前面我们提到的供应链之争、补贴之争、骑行舒适度之争,相伴相随的就是橙黄之间的互撕。

2017年4月,北京市就共享单车问题征求业内意见,提出共享单车应该安装卫星定位装置。摩拜方面在给政府的回复书中,就宣称行业内的企业应该立即召回那些不具有卫星定位功能的单车。这明显是暗指某企业的车辆不具备定位的功能。而某企业也不示弱,马上回应称有的共享单车企业"是法盲,是对规则的无知与蔑视",其剑尖对准的,自然是自己的竞争对手。

而更有意思的互黑还在后面。

　　2017年4月22日，摩拜迎来自己成立一周年的生日。为此，摩拜举行了多项线上线下的活动为自己"庆生"。可谁能想到，就在这一天，摩拜的老对手ofo也来凑了下热闹，在微博上发出了这样一条海报。

　　表面上看，这是ofo"友好"地向摩拜进行祝贺，但下方的字里行间却明显地透露出一股挑衅的味道——2015年6月16日，ofo首创无桩共享单车模式。其潜台词便可以理解为："今天是你摩拜一周岁的生日，可要知道我ofo，都快要接近两岁了。"

　　ofo的"暗招"，摩拜怎么会看不出来。就在庆生当天下午4点半，摩拜就第一时间转发并评论了ofo的微博，并配发了相应的图片。

　　表面上看，这是摩拜在回应ofo的祝福，但在话语之中却绵里藏针地在

拿ofo的机械锁来说事，潜台词就是："你们这机械锁，也得换一换吧。"

时间来到5月，双方互黑互撕再进一步。

2017年5月10日，有网友爆出A单车企业内部出现了严重的贪腐问题。没想到第二天，B单车企业也被网友爆出，其高管团队出现了严重的贪腐问题。在这次事件之中，A单车企业的人曾暗示这是来自于"友商"的故意攻击，而B单车企业则称这是A单车企业的"乌贼战术"。

虽然两家单车企业没有最终当面对质，但其中互撕的火药味儿，吃瓜群众一下就能嗅出来。共享单车巨头之间你方唱罢我登台，为的就是坚决不给对方一个喘息的机会。

两家巨头都曾经声称自己是"行业第一"。2017年3月，ofo创始人戴威表示：ofo是全球最大的共享单车平台，市场占有率高居第一。摩拜方面马上回应称：摩拜是继淘宝、滴滴和美团之后的第四大互联网公司。

竞争的各项因素叠加在一起，最直接的后果就是互相看对方"不爽"，言语之中也就有了相当多的口水。但是吃瓜群众就不满了，他们会很自然地认为，两家公司为什么不埋头做好自己的产品，而非要这样花大力气互怼呢？

但是，我们也要看到，在同行业的竞争中，商家之间互黑互怼的情况并不鲜见，如在手机行业及互联网电商行业也经常出现这类事情。这其中有一个很简单的道理。

木桶理论认为，决定一个木桶盛水多少的，并不取决于最长的那块木板，而是最短的那一块。将其应用在商业中，一家企业能不能在融资等领域最终胜出，也不是看谁的长处有多长，而是取决于谁有短处。于是，两家巨头互相揭短就成了常态，为的就是压倒对方，给自己增加优势。

06

小蓝、小鸣、骑呗和优拜们

在共享单车领域，摩拜和ofo两家独大，其他进入者则还在拼命跑马圈地，想尽一切办法挤占市场，不然就可能面临卡拉单车那样被淘汰的命运。在经济学中，有一个三四定律，指的是在一个稳定的竞争市场中，有影响力的竞争者是不会超过三个的，而最大竞争者的市场份额又不会超过最小竞争者的四倍。共享单车现在约有几十家竞争企业，根据这个定律，我们便能知道，它其实还处于一种并不稳定的竞争环境之中。

既然进入了，各家单车就会找好自己的定位，制定合理的战略，才有可能在共享单车这块"蛋糕"中分一杯羹，甚至是越过前面的摩拜和ofo。

小蓝单车立足于用户的骑行体验，并且在这一点上做得还不错。

小蓝单车由专业做单车的野兽骑行生产，在用户的骑行体验的追求上自然有着良好的基础。目前，小蓝单车的车体重量只是市场上同类产品的一半，并且采用了橡胶外胎和PU实心胎相结合的方式，在让用户骑行感到

舒适的同时，又能让用户几乎体验不到颠簸感。

相传，小蓝的投资人只骑了一次小蓝单车，就决定对小蓝进行投资。由此亦可见小蓝单车的骑行体验感之强。在《南方都市报》进行的单车性能测评中，在骑行体验上，小蓝单车也是荣膺第一。

2017年3月22日，小蓝单车在北京推出了新车Bluegogo Pro。这是一款蓝白相间的变速自行车，能有效应对爬坡、逆风等情况。尤其是它亚米级定位技术的应用，原来定位在3米以内的车，现在则可以精准地定位在0.5米。

小蓝单车的创始人李刚曾经说过："先赢未必算得上是真的赢。"李刚相信的是产品的力量。他认为，当共享单车作为一种工具，满足了用户的基本出行需求以后，在密度、价格一致的情况下，用户会很自然地去选择体验感更好的单车。而小蓝就是这样的单车。也就是说，用户极佳的体验感，是小蓝单车的核心优势。

在南京，小蓝、摩拜和ofo几乎同时进入这个城市，但小蓝做到了后来居上。进入北京以后，小蓝也逐渐爬到了第三的位置。显然，小蓝虽然强调产品，但在布局和规模上也在加速。一直以来，它都宣称自己是业界老三，只不过，市场和用户并不太能记住老三。

小鸣单车则采取成本适中、规模化投放的策略，其单车成本只在500元左右。从这些层面上来看，小鸣并不具有明显的优势，它比较有特点的是电子围栏，这是一个全新的尝试，他们称此为城市的慢交通系统，能告诉用户在哪儿可以停、哪儿不能停，对用户有一个指导性的作用。这套技术或许会成为小鸣开启政企合作的亮点，而且他们已经与龙海市展开了合作，达到一个单车"共治"的效果。

共享单车先入局者讲究规模和速度，后入局者则看重产品性能。骑呗、优拜、永安行等亦是如此，他们均相信好的用户体验能带来更好的市场份额。此外，骑呗团队凭借原有的对公共自行车的管理经验，能总结出一套成熟的可复制的属地运营和管理体系，从而提高自己的整体效率。而优拜的政府资源，也是它的一个优势所在。另外，优拜与永久进行合作，也使其在供应链一端占据不小的优势。

而Hellobike却独树一帜，讲究从策略上"绞杀"对手。首先，它从二线城市和三线城市切入，放弃了从一线城市自上而下的方式。再者，它在单车的布局上也会针对不同城市的场景来区别对待。比如在厦门这样一个旅游城市，Hellobike就会致力于为游客提供便捷的骑行服务，以旅行+单车的模式，希望走出一条自己的品牌差异化之路。

但这些因素能否让这些后入局者在这场惨烈的"绞杀"中真正起到作用，就目前来看，似乎并不乐观。

07

战火正在烧向二三线城市

在共享单车开始火起来的那一阵，各大单车平台自然地将战场定在了北上广深这样的一线城市。毕竟，在这样的城市，除了人流量大、潜在用户多以外，它还是一个"新闻"的焦点，也就是说这些地方，算得上是一个没有资金门槛的广告场所。

有很多共享单车平台都会将车尽可能多地投放在这些城市的大街上，越显眼越好，越能引起媒体关注越好，密密麻麻的共享单车本身就是一个很好的广告形式。小鸣单车的联合创始人邓永豪就说过："每投放一辆小鸣单车，就至少能带来10名用户。"前面我们已经提到过，很多用户对于共享单车的认知，就是从看到停放在路边或别人在骑行开始的。因此，多投放单车，对商家引流有一个自然的归集作用。

但是，一线城市的市场容量不是无限度的，投放密度也是有上限的。在未来的共享单车大战中，ofo和摩拜可能会下沉渠道，抢夺二三线城市的增量市场。

进入2017年以来，ofo在二三线城市的布局行动非常迅速。目前已经实现了全球超过100座城市的布局，甚至在拉萨、日喀则等城市也有了小黄车的身影。

而摩拜方面也不甘示弱，它在成立不到一年的时间里，就进入了80座各线城市。2017年5月20日，摩拜宣布进驻江西九江，拉开了进攻三四线城市的序幕。摩拜单车创始人胡玮炜在接受记者采访时曾表示："今年摩拜有进军一百城的计划，这个计划不会变，我们希望能让这100个城市'吃饱'，能满足大多数的需求。"

据称，在现在共享单车的市场中，一线城市占比55.1%，二线城市占比24.8%，三线城市占比12.3%。可以看到的是，二三线城市的市场向上空间还很多，这也是为什么共享单车平台加速向二三线城市布局的原因。

但就单车平台的情况来看，在二三线城市的战场中，ofo是更具有优势的一方。

首先是单车的投放成本和速度。ofo不仅单车成本比摩拜低很多，而且它还利用社会化生产，更快地形成了单车网络的覆盖。

其次是ofo的押金门槛很低。在支付宝中，只要达到了一定分值的芝麻信用分，就可以免押骑行。二三线城市居民的收入水平不如一线城市，因此他们对于价格的因素就会更敏感。价格相对较低的ofo便更可能成为他们的选择。

其实，在摩拜和ofo之外，已早有单车平台在深耕二三线城市了。Hellobike就没有选择在一线城市和竞争者们"绞杀"，而是直接切入了硝烟味没那么浓的二三线城市。

2016年9月，Hellobike曾做过调研，发现在一线城市形成规模化的效

应需要两到三年，而在二三线城市，则能很快建立起自己的市场地位。同时，Hellobike还做过场景测试，如果一个城市的单车需求是潮汐现象，说明它的使用场景很单一，Hellobike就会选择放弃，转而追求那些使用场景较为丰富的城市。

因此，Hellobike一开始就将投放地选择在了人口基数大、年轻群体多、经济较为发达的二三线城市，如苏州、宁波、厦门等。

Hellobike有一点当年美团的影子。当初，就在拉手、点评、窝窝团在一二线城市打得火热的时候，美团的王兴却采取了"农村包围城市"的策略，在三四五线城市抢占市场，实现了渠道的迅速下沉，最后一跃而成行业领头羊之一。Hellobike能不能重走美团的路线，现在还犹未可知。

一般来讲，从对二三线城市的渗透来看，谁的运营效率更高、谁的覆盖的成本更低、谁的使用门槛更低，谁就可能占据先机。在这一点上，目前ofo还是具有一定优势的。

第八章

共享单车的"暗伤"

　　"摸着石头过河"的共享单车，在被人们普遍接受之后，其另外一面的不足之处也逐渐暴露在了公众的视线之下，而这些不足也严重影响着共享单车企业的生存和发展。不解决这些问题，共享单车就不可能走得更远。

01

共享单车与城市交通

共享单车因为解决了人们短途出行"最后一公里"的需求痛点，一经推出就受到了市民的热捧。在资本的竞逐下，各大共享单车平台也开启了自己的扩张竞赛，大量的共享单车投放到城市，让城市管理者和交通管理者措手不及，在引导和监管上也处于滞后的状态。随之而来的，共享单车与城市交通的"冲突"就不可避免。

共享单车的交通需求管理

2016年，共享单车平台在北上广深等一线城市的投放量就已经达到了100余万辆。进入2017年，随着投放量的加剧，以及更多共享单车平台进入市场，充斥在这些城市的共享单车数量更加庞大。

虽然有研究表明，共享单车在这些城市中的数量还没有饱和，但是关于饱和的数值没有谁说得准确。而且共享单车还没有达到统一监管的地步，各家共享单车都在跑步前进，投放量也是各家管各家的，没有一个统一的单车数额是否能影响城市容纳量的概念。

而且，各家共享单车的投放，基本都采取了在地铁口、商圈附近大量占道投放的方式。现在，市民在这些一线城市的这些人流密集处，满眼望去全是五颜六色的共享单车。虽然满足了视觉需求，但是人们对于共享单车阻碍人流步行等情况就确实不敢恭维了。

因此，在未来，共享单车和政府共治，分析城市的容纳上限，有序引导以避免共享单车陷入无节制的增长循环，将很可能是共享单车发展的必由之路。

共享单车的路权保障问题

现在在各大城市，由于受道路资源稀缺性的限制，道路空间通常都会被优先划拨给机动车辆。非机动车道不仅窄，有的道路甚至没有，而且即便有，也会有不连续的情况。同时，非机动车道往往跟公交车停靠点、机动车路边停靠点重合。可以看出，在共享单车出现之前，归于非机动车的非机动车道就受到了一定的限制。而现在，共享单车火热的背后，带来的已是大量人流骑行单车，市民对于非机动车道的需求也就比之前旺盛。

如此一来，如何保障人们单车出行的路权，就成了城市交通的一个急需解决的问题。共享单车将倒逼城市管理者，以使自行车获得更多的道路空间和路权保障。

同济大学经济与管理学院教授诸大建说："像北京上海这样的大城市，应该把自行车与地铁、公交的高效接驳作为城市发展的一项中长期战略。"

共享单车乱停乱放带来的管理难题

在上海市黄浦区的一个停车场，曾经有大量的摩拜单车被长链条锁了起来。当然，夹杂在其中的小黄车也不少。据反映，这就是一个停放违停

车的停车场。

尽管各大共享单车企业都要求人们在骑行结束后，将共享单车停放在街边画白线的区域内。但是，"自觉"的市民并不多。上海市黄浦区这个违停车的停车场，只是其中的一个缩影。"自由"带来的副产品，就是人们乱停乱放，引发出来的是城市交通管理难题。

同时，共享单车平台对于引导人们有序停放的技术也在摸索之中，"电子围栏"等设施都还在试点阶段。至少在目前，共享单车乱停乱放的现象还大量存在。

目前，北京市已经在某些地区的路边专门设置了标有共享单车停放点的区域标志，这对解决人们乱停乱放的现象是一个较好的引导措施。但这也只是在北京部分区域内有，并没有普及开来。

共享单车交通违法问题

骑共享单车的人多了，逆向行驶、闯红灯、占用机动车道、未满12周岁骑行共享单车等交通问题也就自然多了起来。2017年3月，上海市有一名11岁的男孩，在骑共享单车时，就不幸被客车碾压身亡。

据统计，仅仅2016年，全国交警就查处了非机动车交通违法87.7万起，比2015年上升50.4%。这其中有很大一部分都是人们骑共享单车造成的。

例如，在上海的著名观光景点外滩，出于对游客安全的考虑，是不允许骑行单车的。但是，有很多对规则不了解，或是图方便的人，仍然会在这个区域骑行单车。

非机动车的交通违法，其实对于交通管理者来说并没有那么好处理。

由于较常见，罚款数额又不大，执行措施又没有机动车那么到位，经常就可以看见骑行者不服从管理、态度恶劣、拒缴罚款等情况。当然，还有数量不少的交通事故纠纷，也是悬在城市交警头上的一个难题。如何从严治理？现在还在摸索之中。

02
无法规避的人性弱点

自从共享单车出现以来，针对共享单车被暴力破坏的新闻就多次见诸报端。

2017年3月2日，天津市滨海新区某派出所民警接到群众举报，称有出租车司机正在利用手中的钳子"肢解"面前的一辆小黄车。而他将小黄车的密码锁拆卸下来后，甚至还将已经破坏掉的小黄车扔在了自己出租车的后备箱，迅速驶离了现场。

民警经过对出租车系统的查询，并未找到这名出租车司机的相关信息，只好在司机常出没的地方蹲点守候。不久后，民警将该司机抓获。据这名司机交代，他是趁"拉活"的间隙，对小黄车进行了"研究"，后来又因为一时心生贪念才将其"据为己有"。

2017年5月9日,一段网上流传的视频也显示,永安行共享单车的工作人员正在温州的瓯江边上,利用绳索和挂钩对人们扔在瓯江里的永安行共享单车进行打捞。据永安行工作人员介绍,永安行共享单车进入温州市场才仅一个多月,就遭遇了车辆经常被人为破坏、私藏等问题。目前,永安行共享单车在温州的车辆损毁率甚至接近10%。

从目前出现的情况来看,不自觉的市民对共享单车的破坏行为可谓花样繁多、五花八门。将共享单车扔在河里、挂在树上、拆卸共享单车、打砸共享单车等现象不断出现。甚至有不少市民将共享单车的二维码破坏,"共享"变"私享"。还有不法分子利用喷漆等手段,在单车的二维码上喷上自己的二维码,从事不法活动……

共享单车上不可能带有"目击"系统,这也就造成了共享单车平台对"破坏者"的约束严重不够。

2016年11月,摩拜单车公众号曾曝光了一起共享单车遭到人为破坏的事件。视频显示,一男子动手将一辆摩拜单车扔进了黄浦江,之后又暴力砸坏了6辆单车。摩拜公众号因此发出了"摩拜单车已身负重伤,需要你们的救援"的呼吁,向社会寻找目击证人。

共享单车不断遭到人为恶意破坏的背后,在一定程度上折射出了某些人公共道德和信用缺失的问题。共享单车也被人们称为"国民素质的镜子",损坏单车的照片和帖子也在网络上广为流传。

共享单车如何面对这部分人的"人性的缺失"?

不能说共享单车平台没有考虑这个问题,相反,共享单车平台和政府部门都应该是"一直在努力"。

ofo、优拜等共享单车加入芝麻信用体系，能借助芝麻信用的Push消息、短信推送、反馈用户信息等手段，对用户行为具有一定约束力，在一定程度上也能避免用户恶意破坏的问题。

而摩拜自身也带有一个信用机制。用户在注册摩拜时，就会自带100分的信用积分，在骑行的过程中，摩拜会根据用户的使用习惯和行为来加减分，如果用户的分数被扣到80分以下，那就说明他基本和摩拜绝缘了。摩拜的"信用分"系统也对规范用车行为有一定的作用。同时，摩拜也积极加入了国家发改委的共享单车领域信用共享平台，争取更好地完善信用体系服务。

"我们相信如果有一个好的机制能够让人们更加自律，所谓共享经济的这些形式能够得到更好的发展，比如说信用分机制。我们想将来会在硬件上或者软件上去做更多的尝试，不是为了赚这100元钱，而是告诉大家一旦你做出了一些不利于其他用户的行为，你将会受到惩罚，这个惩罚可能开始是经济性的，但将来会有一些相关联的负面后果。"摩拜CEO王晓峰曾这样说。

2017年5月22日，交通部又发布《关于鼓励和规范互联网租赁自行车发展的指导意见（征求意见稿）》。此意见稿明确要求共享单车实行实名制，禁止平台向未满12周岁的儿童提供服务。

实名制可实现对用户身份的实时可查、事后倒查，对于防范共享单车遭到人为破坏的问题，能在一定程度上起到约束的作用。但对未使用单车而对单车进行破坏者，却还只能通过更强的道德约束的机制来完成。

"除了要求有关部门加强城市管理和严格依法打击偷盗毁坏行为，更要呼吁广大市民提高自我修养，做一个文明守法诚信自律的时代公民。"有专家这样表示。但这样的道德体系的构建，几千年的文明也没法完成，共享单车平台联合政府，在短时期内就能完成它吗？这是一场共享单车与人性的赛跑，就看最后谁能跑得过谁了。

03
单车的耐用及抗损坏问题

现在，各大共享单车企业对于自己单车的耐用性的说法很不一致。而实际上，由于各大共享单车企业的单车配置、设施等都不一致，因此耐用性均有一定的差别。相对而言，初代的摩拜单车采用了很多"笨重"的设施，确保了它能长时间地被使用。但后来为了迎合用户，摩拜也开发出一些轻型的单车，其耐用性将不及初代单车。

而像ofo这种普通自行车的配置，其耐用性就会更低。综合来看，1~3年当是共享单车理想的"使用寿命"。现在，共享单车已经在业内火了差不多一年，随着使用年限的接近，可以预见的是，单车出现问题的概率也将更高。

而在上海市发布的《共享单车征求意见稿》中，还有如下规定："共享单车一般连续使用三年即强制报废，报废车辆不允许进行拼装修理后再行进入市场。"这也就意味着，在未来，三年的使用期限将是极值。这或

许对ofo等企业不是一个问题，但对摩拜来说，则是一个挑战。此前摩拜曾称自己设计的单车，使用年限可达4年，而其轮胎的使用寿命甚至能达到8年。

与车辆自行老化损坏而来的，还有人为损坏的问题。

摩拜在推出单车之初，就做了一些"抵抗"破坏的考虑。他们在设计车身时，对单车进行过数万次的碰撞测试，以让单车更加"牢靠"。摩拜声称"摩拜的单车可以4年免维修"，一方面抵御车辆损毁带来的维护问题，一方面避免单车对市容市貌造成影响。

可现实情况是，多数摩拜单车恐怕经不起"4年免维修"的考验。用户恶意破坏的现象，再加上黑车、三轮车竞争者带来的破坏问题，摩拜单车的损毁率其实远超预期。毕竟，再坚固的车也抵不住一颗没有公德的心。

ofo的车辆损坏率更高。据企鹅智库发布的共享单车数据报告显示："ofo用户上报车辆故障的比例明显高于摩拜单车的用户，达到39.3%。"街头堆积如山的破损ofo还曾被媒体戏称为"小黄车坟墓"。

共享单车的损耗无疑是摆在共享单车平台商业模式面前的一个"致命病灶"。骑呗单车的负责人就曾表示："就算是最为坚固的共享单车，每月的损坏率也在1%左右。"摩拜的车辆在业界算是坚固程度较高的一款，但从其千万级的保有量基数来看，车辆损毁对平台带来的资金压力也不小。

要解决满地坏车的问题，共享单车平台自然就要加大运维的成本。小蓝单车的创始人李刚就曾说过："一辆损毁到已经无法使用的自行车，回收运输的费用大概需要80元，撤掉销毁需要20~30元。此外，还有运维人员的调度成本等，已经快要接近生产一辆新车的成本了。"可见，对于废车的处理，将成为未来共享单车平台的一个棘手问题。

对于现阶段市面上的损毁车、报废车，其实各家共享单车也在进行一定程度的处理和防范。毕竟，车辆损坏以后如果不能及时得到维护，就没办法继续使用并产生盈利。

ofo方面声称，自己有专门的线下运维团队，会对小黄车进行网格化的管理，在每一个指定的区域都会配上一个维修师傅，由维修师傅来负责单车的停放、损毁车辆的维护等问题。

小蓝单车则是通过用户在APP上报修的方式，来获取需要维修车辆的信息，再寻找车辆进行维护。

摩拜的处理方式更为特别，他们有一个"摩拜猎人"系统。

摩拜猎人狩猎的对象不是动物，而是那些乱停乱放的摩拜单车、有情况的摩拜单车。他们会将这些摩拜车"解救"出来，业内就称其为"打猎"。"摩拜猎人"由摩拜向社会招募，对于举报者，摩拜会给他们信用分奖励。现在，活跃在北上广深的"摩拜猎人"，并不在少数，这其中大部分都是志愿者。

除了在自身层面加强单车的耐用性和抗损坏性外，更好的方式还是推出信用机制来进行预防。目前，摩拜和ofo都在这方面有所发力。ofo接入了芝麻信用，可以通过这个信用体系来遏制车辆的非正常损耗，这对于共享单车平台完成有效的风险控制也有一定的作用。芝麻信用曾与某短租企业有过合作，从数据上来看，该短租企业在芝麻信用上获得了10.5万笔订单，其中只有1091笔触发了风险控制，占比1%。

04

高昂的维护成本

现在不论是哪家共享单车平台，表面上如日中天，但估计每一家都有一个隐忧，那就是现在还能拿投资人的钱来维持生存，未来呢？高昂的维护成本找谁要？

一辆共享单车的运营成本涉及多项维度。研发阶段的成本主要包括零配件的采购、技术研发的费用等；运营阶段中，由于采用智能锁等形式，又会产生涉及通信运营商的网络费用。在维修保护上，现在的共享单车企业主要通过大数据监管、人工调度车辆及区域化分配维修师傅的方式来进行，会产生零配件置换修理费、人力成本、运输调度等费用。毕竟共享单车不像网约车，能够通过司机主动去寻找用户。共享单车如果没人骑，它就只能停在那里，产生不了新的利润，因此必须要进行人工的干预。

而现在来看，维护成本正在成为影响共享单车企业成本支出中的一个重要模块。

前面已经介绍过，每一家共享单车企业还都面临着极高的车辆损耗率难题。建立在这个损耗率和必须调度基础上的，当然就是"预料之外"的高昂的维护成本。

2017年2月，ofo投资人朱啸虎曾在混沌研习社做了一个演讲，他说："我们投的第一天就算得很清楚：一辆自行车两百块钱，在校园里面，每骑一次五毛钱，每天能骑十次，就收了五块钱，两百块钱可能四十天就赚回来了。加上维护成本，以及偷窃啊、损坏啊，可能三个月时间，成本就赚回来了。"

有网友将朱啸虎的这番话换成计算公式，40天中，一辆ofo挣回200元，正好够一辆小黄车的制造成本。如果这辆车在3个月内正常运转，没有维护、偷窃、损毁的成本，那3个月能挣到450元；如果加上维护、偷窃、损毁的成本，一辆小黄车3个月能回本。这说明，这3个月中，维护、偷窃、损毁的成本就占到了250元。而按一年12个月计，一年中产生的维护、偷窃、损毁的成本就可以高达1000元。

先不论网友的算法准不准确，但是维护成本的高昂，对于共享单车平台却是一个不争的事实。小黄车的维修师傅之多也确实存在。据报道，仅在厦门的一个小块区域内，就有17个师傅在专职寻找损坏的小黄车，并进行修理。

摩拜单车的造价成本高，其维修成本相应地也就更高。虽然摩拜的损毁率确实比ofo的要低得多，但如果真损毁了，摩拜一个车轮的修理价格就可能抵得上一辆普通自行车的制造价格。

再来看看人力的支出，以摩拜为例。

摩拜现在已经进驻了80多座城市。而在每一个城市，摩拜基本都配备了差不多60个运维团队。每个团队即便只有10人，按照每人每月5000元工资来计算，摩拜每月的人力支出甚至超过亿元。更何况，摩拜的单车损毁率也是远超预期，不是质量过硬就能解决的。

2017年5月，天津市发布了《互联网租赁自行车管理暂行办法（征求意见稿）》。这份意见稿规定，共享单车租赁企业应当具备与其管理需要相适应的线上线下服务能力，每1万辆互联网租赁自行车配备不低于50名服务人员。而按照摩拜和ofo当时450万及500万的投放数量来看，两家共享单车企业就分别要配置线下运维人员22500人和25000人。这样算下来，运维人员的薪资支出只会更高。

共享单车的维护成本节节攀升，这和其前辈"网约车"是完全无法相比的。滴滴网约车，几乎并不需要太多的维护成本，车辆的维护和保养自有车主承担，他们需要做的仅仅是客服人员和平台维护人员的支出。而共享单车的商业模式，决定了维护是他们始终绕不过去的一环。这也是B2C和C2C的一种本质区别。

如何降低维护的成本，恐怕就需要各大共享单车企业在未来的很长一段时间内好好思量了。而这又需要各大共享单车平台根据自己的车辆属性、造价等因素进行合理的战略策划。

摩拜的CEO王晓峰曾说过："用户骑行一两元的车费，但搬运成本就要二三十元，这个事情在商业上是不成立的。"

为此，摩拜一度推出了"红包车"的活动。通过红包车的方式，摩拜创新地让用户参与运营，并能将车辆引导到需求更大的区域。据悉，红包车上线后，摩拜的运营效率甚至提高了2.6倍。

但是，"红包车"的打法并非长久之计，对于自带环保光环的共享单车企业来说，风口之下除了攻城略地，也需要在运维体系上破题。

或许，未来引入人工智能，像摩拜推出的"魔方"那样才会是下一个突破口。

目前，"魔方"已经在骑行模拟、供需预测、停放预测、地理围栏等方面发挥出重要的作用。据悉，"魔方"还能实时监测车辆状况是否是故障车，以及天气、运力、人群等变量因子，也能预测其一区域的单车供给、用户需求等。"魔方"通过人工智能的指引，优化车辆后期的运营，提高车辆的使用频率，延长车辆的使用寿命，也减少了人工干预的成本。

05

新奇过后的用户槽点

毫无疑问，共享单车有着很多优势，它也确实吸引了大量的用户群。但在尝鲜之后，用户们却几乎没有百分百对某款共享单车满意。各大共享单车也都有着各自的不足，沦落为"吃瓜群众"茶余饭后吐槽的对象。

综合来看，有一点几乎是各大共享单车的"通病"，那就是打开APP，尽管地图上显示有车辆存在，但当用户走到相应位置，却仍会半天找不着车。"找车的时间比骑车的时间还多。"这是萦绕在用户心中的一大痛点。

如果说在地铁口、商圈附近找一辆共享单车毫不费力，那在小区门口、较为偏僻之处，人们就往往会根据定位来找车，且没有导航。如果长时间找不到车，用户的"不爽"就显而易见。

另外，大部分用户都曾表示，在骑到某一地点落锁上车以后，非常担心回程无车可骑。共享单车"共享"的特性决定了谁都可以使用这辆自行车，用户在骑到目的地后，必然也会先行落锁还车，但在办完事后，用户是无法保证这辆车还停留在原地的。也就是说，如果在车辆密度不大的区域，用户就有可能无车可骑。事实上，"有来有回"是用户一个强烈的需求。

还有就是在骑行的过程中，有不少用户也遇到过这样的问题：骑着骑着，脚蹬却莫名其妙地不翼而飞，链条断的断、掉的掉，如果是车辆的脚架坏了，还只能把车推到墙根或大树面前上锁。2017年5月，北京市统计局发布了《北京居民使用共享单车》的调查报告。报告显示，有72.2%的人在使用共享单车时，遇到过车辆破损的情形。

更大的问题是，共享单车往往被一些小商贩利用，车身贴满"牛皮癣"广告。还有其他人性弱点暴露出来的问题，如车辆被故意损坏、二维码被涂改，这些都是影响用户体验的直接因素。

对于不同款式的共享单车，用户当然也是槽点满满。以下汇总一下网友列举的各共享单车的不足之处。

ofo：纯手动机械锁解锁（新投入的配有智能锁），过程烦琐，没有GPS定位，找车只能靠"碰"，车体的质量不好，损坏率太大。

摩拜：经典款过于笨重，实心轮胎造成刹车颠簸；新款轻骑版座椅的高度较低，个子高的人骑起来较为尴尬。

永安行：有不少车还是有桩模式，骑车和还车并不方便，找车也很费劲。

小蓝：颜色比较深沉，车架偏大，骑起来感觉较累。

Hello bike：座椅高度无法调节，坐垫较大，如果长时间骑行较不舒适。

小鸣：骑行的舒适度一般，设计不是太好。

骑呗：投放的密度较低，车的横杠过高。

……

　　当然，还有抵挡不住的乱停乱放问题和停放占道占地问题，甚至影响市民出行，不免给人带来"缺乏管理"的质疑之声。

　　"走路的地方都没有了，怎么还在这里塞单车啊？"早晚高峰期间，密密麻麻的共享单车就停在了北京地铁4号线海淀黄庄站。

　　"共享单车方便是方便，但这都堆成山了，实在是太影响交通了。"成都市世纪城附近，一位大妈看见cfo的工作人员从运输车上搬下小黄车，发出这样的感叹。

　　还有就是，共享单车企业之间说不清道不明的恶性竞争。

　　如何处理好这些槽点问题，也是共享单车的一个绕不过去的坎儿。车辆本身的问题，可以通过技术层面来弥补；人性和监管的问题，则需要共享单车和政府共同出手；APP的问题，也需要共享单车平台专门应对……这些可都不是一朝一夕之功。

06
此共享非彼共享

有很多人认为，"共享单车"的模式与"网约车"有着异曲同工之妙，但若细究，却能发现他们有着太多的不同。

"共享单车"贴上了"共享"的标签，但这并不代表它就是传统意义上的"共享经济"。

共享经济的最早提出者是美国得克萨斯州立大学的费尔逊和伊利诺伊大学的斯潘思两位教授。他们在1978年指出，如果有一个以第三方创建的基于信息技术的平台，而个人则可以在这个平台上交换闲置物品，分享资金、知识、经验等，那这种经济形态将会强有力地改变世界。

在概念上，共享经济可以理解为是拥有闲置资源的机构或个人，将这些资源让渡出来，供给别人使用，而让渡者则从中获取回报，分享者则从分享别人的资源中创造一定的价值。

共享经济有三个主要的特征：一是标的物，即闲置的资源；二是实现

的方式，它是基于互联网、云计算、大数据等技术，构筑的一个供需平台；三是实现的结果，共享经济能让闲置资源产生价值，并对社会产生正面的影响。

我们熟知的网约车就是共享经济。据统计，我国汽车的保有量早已突破1.94亿辆，这个数值仅次于美国，稳居全球第二。也就是说，我国平均每7个人就拥有一辆汽车，如此浩瀚的队伍走在城市里，堵车将会成为城市的常态。可还其他没车的人呢，他们出行要怎么办？于是，滴滴等网约车从第三方角度搭建平台，将原来闲置的私家车资源盘活出来，供有出行需求的人使用。这便是"出行分享"。

可共享单车呢？它并不是像传统的共享经济一样，连接的是供需两端，而是基本上自己生产自行车。虽然ofo宣称是连接自行车，不生产自行车，但它在从校园走向城市以后，从社会资源中获取的单车数目少之又少，更多的还是和自行车生产商合作，连接他们生产的单车。因此，共享单车只有对准需方的一端，而没有对准闲置资源"供方"的一端。

摩拜成立之初，本也不打算自己生产自行车，而是想像滴滴那样从第三方的角度搭建一个出行平台。但在资本的推动和竞争的压力下，他们也不得不走上了一个重资产的模式，开始依靠自行生产单车，来进行"单车租赁"。

共享单车按用户骑行时间收费，准确地说应该叫"分时租赁"，它和以前那种DVD、书籍租赁的性质倒有很多相近之处。但相较于原来的自行车租赁行业，他们运用了GPS定位系统和移动支付的功能来帮助其升级。

而随着投放数量的加大，他们也不是像共享经济那样在盘活闲置资源。如果投放得过多，他们就是在制造闲置资源。投放数量，可是没有上限的。只不过，他们投放得越多，单车的损耗也会越大，成本也就越来越不可控。

中国是曾经的"自行车王国"，有着闲置性质的自行车并不在少数，如果将这部分自行车拿出来共享，那才是传统意义上的共享经济。可是，传统的自行车早已被市场证明有着巨大的局限性，例如汽车分享可以有司机全程跟着，不存在丢失的危险，而自行车却会。再者，平台也无法找到让普通自行车低成本共享的方法和模式。因此如果不在自行车上做一些变革，加上创新，加上技术优势，就不可能成为传统意义上的"共享"。

这也逼迫业界在自行车出行这一块，无法将个人手上的闲置自行车实现"共享"，而只能是像现在一样，采取一种"新共享"的态势。

07

同质化现象过重

在共享单车领域，我们可以发现一个有趣的现象，那就是各家共享单车企业下的单车越来越相似了。

曾经，共享单车两大巨头——摩拜和ofo有着明显不同的模式。

摩拜是"高价车+自产"的重资产模式，其产品性能好，有着找车方便、开关锁方便、车身抗损坏性能好等优势，但也存在车身过于笨重、用户骑行体验较差、单车造价成本高等劣势。而ofo是"低价车+采购"的轻资产模式，有着骑行体验好、车身轻便、单车成本低等优势，但同时也有着机械锁开关锁烦琐、没有定位、车体易损坏等劣势。

在经过市场的检验后，两家巨头都对自己的单车做了改进，但改进的结果却好像是将对方的"优势"挪过来，化为己用。

ofo对自己的单车进行了升级，车体逐渐变重，制造成本在提高，另外也在寻求智能锁和GPS定位的装备。而摩拜发布的新款车型车体也在变得更轻便，制造成本也下降到了数百元一辆。

在使用方式上，不论摩拜还是ofo，亦或其他的共享单车平台，都是一样的无桩、随借随还的形式，就连APP的使用，也有太多的一致性。从现象上来看，就是你装了车筐，我也装车筐；你装了变速器，我也装变速器；你搞红包车，我也搞红包车；你免费骑，我也免费骑……

经过一轮轮的改进，各家共享单车已经大为趋同，原本横亘在各家共享单车之间的差异，越来越小。都是"U"形构造，且车型品种和行业有70%是重叠的，都属于中端性质的产品。

同质化的商业模式，无疑也是共享单车生存的一大隐患。

毕竟，市场终有接近饱和的时候，如果没有差异化的优势，胶着激战就很难分出胜负。而自行车又是一个进入门槛相对较低的行业，可复制化是其中的一个显著特点，即便是某家共享单车企业开发了一个之于单车本身的所谓的新技术，但很快别家也会复制这门技术。共享单车的特性，决定了他们很难有能阻隔其他竞争对手模仿的技术或设计。

因此，在未来，能不能精细化地运营才是共享单车领域能否分出胜负的关键。

但是精细化的运营是需要有一定积累的。例如怎么才能保证在一定市场体量的情况下，用户可以随时随地用到车；又如，如何通过调度来保证每辆单车达到一定的使用频率。这些都需要一定的历史数据做沉淀，并且能有较强的数据分析能力。在这方面，摩拜和ofo显然有着一定的优势。

或许某一天，摩拜和ofo在产品各方面都彻底创新以后，就是他们差距拉大的时候。

08

倒下的"悟空"

"我以为自己被大家知道那一天是因为成功，结果是因为失败，朋友还调侃我是互联网最著名的失败者。"这是悟空单车创始人雷厚义，在悟空于2017年6月13日宣布退出共享单车市场后说的话。

在激烈的市场角逐中，悟空单车没能分到哪怕一匙羹。它也给这个市场提了个醒：共享单车看似繁荣的表象背后，也不是谁都能玩得转的。

雷厚义和ofo创始人戴威一样，也是一个爱创业的90后，他曾经考上大连大学机械设计专业，不过只读了一年就辍学。之后雷厚义辗转北京、广东、四川等地，做过保安、卖过电脑。2014年时，他开始自己创业，在互联网金融领域和互联网流量分发领域都有过试水。

2016年，共享单车大火，雷厚义在看到一篇关于ofo的报道后，虽然知道自己是后进者，也知道"摩拜和ofo的架势真是不让后来者活"，但他仍然决定追逐风口，着手创建悟空单车。

悟空单车的首站选择了自己的大本营重庆。2017年1月7日，第一批悟空单车投入市场，此次共计投入两三百辆单车，主要分布在两江新区等主城的各个区域。

对于未来，那时的雷厚义信心满满。他想象的是，悟空单车能逐步扩大覆盖的范围，最终在重庆投放10万辆单车。除了重庆，悟空单车还计划进驻全国的334座城市，设立10000余个共享单车站点，投放超百万辆的单车。

然而，真正的市场却重重挫伤了雷厚义的"理想"。从一开始，雷厚义融到的资金就不多，约有50万元，但悟空单车的成本却不低，每辆单车的成本达到750元，再加上锁和物流的成本，这部分资金很快见底。

因为没有大的供应链资源，悟空单车只能和一些小厂合作，单车品质也不太好。第一批单车虽然看起来使用情况不错，但单车被损坏的情况也很严重，占比将近一半。之后，悟空单车对车辆进行了升级，加了车筐，改成了防爆防炸的实心胎，设计了可升降的坐椅。后来，雷厚义想办法拿到了800万资金，再次全部投入了进去。可谁知，尽管单车的损坏率有所降低，但新的问题又出现了，由于悟空单车采用的是机械锁，单车被盗率也直线上升。

鉴于此，雷厚义再次"下血本"，计划将第三批单车全部换成智能锁。可就在这时，悟空单车的资金链断裂了。

其实，就在悟空单车进入重庆市场没多久，摩拜和ofo就大举"空降"了重庆。悟空单车的生存空间越来越狭小，再加上悟空单车本身效率的低下、资金链的断裂，种种情况让悟空单车进入市场王个月左右，就到了"无路可走"的地步。

"如果这些解决不了，就没资格去考虑运营问题。"雷厚义也明白问题的所在，可现实情况实在让他束手无策。最终，悟空单车投放的车辆，

有90%因为丢失、损坏无法收回，合计损失约300万元。

对于摩拜和ofo这样的巨头来说，他们有源源不断的融资，可以在运营初期不计较盈利模式。但是对于悟空单车这样的小创业者来说，就必须在进入市场之初就找好盈利模式，不然只能面临难以为继的窘境。

除了寻找融资，悟空单车也曾推出一个合伙人计划。所谓合伙人计划，有点类似于众筹单车的形式，就是面向社会寻求个人或商家认购单车，每辆1100元，盈利后可以分红。但悟空单车的市场表现，再加上回收期太长，投资者普遍缺乏积极性，自然也让这个计划以"流产"的形式告终。

"创业不要盲目追逐风口。风口不是追上的，而是等出来的，需要在一个行业深耕，机会来的时候才会有所准备。"对于悟空单车的失败，雷厚义做了这样一番感叹。

雷厚义的感叹不是没有道理。就在悟空单车倒下的8天后，3Vbike紧步其后尘，也宣布由于单车大量被盗，即日起停止运营。3Vbike投放规模较之悟空单车更小。虽然它投放于廊坊、保定、秦皇岛、莆田等4座城市，但总的投放量也不过一千余辆。3Vbike创始人巫盛华和雷厚义一样，本身并非单车界的资深人士，出发点无非只是对风口的追逐。可是，市场"惩罚"了他们。

站在悟空单车的角度来讲，倒闭是沮丧和悲哀的；但站在市场的角度来看，这又是正常的优胜劣汰。共享单车在进入竞争日趋激烈的时候，就必然会有倒下者，也有壮大者。尤其是后入局者，倒下的风险将会更高。如果没有雄厚的资本和风险承受能力，再加上缺乏独到新颖的商业模式，盲目地进入一个风口，失败也许就会成为一个较大概率的事件。

第九章

新政来袭，共享单车何去何从

共享单车有着"国民素质的镜子"之称，其考验着人性的道德和理念，当然，也影响着国家法律法规的决策。就像网约车一样，共享单车也需要政府层面"理性"的支持，使其在统一监管之下不再"野蛮生长"。

01

共享单车"乱象"

在过去的很长一段时期，共享单车都是一种"野蛮生长"的态势，而在这种"野蛮生长"的背后，则是诸多政府层面无法容忍的"乱象"。

2017年2月，上海市扣押了4000辆违规停放的共享单车，给出的理由是：这些共享单车大量地挤占了原本属于市民停放非机动车辆的公益性站点，受到了市民的强烈投诉。一个月后，上海市交通委又约谈了相关的共享单车企业，明确表明，在有些问题没得到有效解决以前，暂停共享单车平台在上海市投放共享单车。

上海市的现象只是目前共享单车"乱象"的一个缩影。实际上，共享单车自火起来以后，由于进入门槛低，又符合高频刚需的用户需求，而且又被发现是一片蓝海，于是许多创业者纷纷涌入市场，你争我逐，形成了非常激烈的"百家争鸣"的态势。

　　资本的天然属性是逐利的，资本间的竞争也无可厚非。但是为了挤占市场，各大共享单车企业却有可能将共享单车造成的负面影响过于理想化了，以至于忽略了路权等概念。

　　而实际情况却是，共享单车强调无桩骑行，随借随还，有不少共享单车占用非机动车道、机动车道、公共自行车停放区、盲道，甚至还会被用户随意停放在人行道上。如果这些情况得不到有效的治理，并且随着共享单车企业继续大规模投放，共享单车和机动车、私人自行车、行人争夺路权的矛盾就会越来越突出。

　　随意停放是一个方面，对市容市貌的影响也不可小觑。从颜色上看，共享单车是装点了城市，但街道上三五一排的共享单车，有的是坏车破损车、有的摆放杂乱无章、有的半躺或全躺在路边、有的阻碍行人与机动车通行、有的妨碍保安及室外作业人员办公，还有角落里被锯断了锁的单车……

　　沈阳市三好街某大厦，由于处于办公密集区，又加上共享单车深受上班族欢迎，每天停放在大厦附近的共享单车就有一百多辆。为了不影响市容，当地政府要求大厦保安负责将这些共享单车摆放规整。于是保安不得不定时进行巡逻，劝导用户规范停车，并主动扶正倒了的单车，大大增加了保安的工作量。

　　共享单车带来的"乱象"还不止这些方面，前面提到的因为人性问题带来的偷车、丢车、暴力毁车、拆卸车辆零部件都是不容忽视的层面。

　　对于这些"乱象"的治理，已是刻不容缓的事。但如若深究"乱象"的成因，则可以体现为两个方面：一是用户的使用不规范，二是共享单车

平台的运营管理不到位。

共享单车的意愿是满足大家短途出行的需求，但是部分贪便宜的用户，却利用共享单车的特性制造了太多的问题。毕竟这单车不是自己的，用不着特别爱护，而且其炫彩、智能的车身对于某些人又有着"别样"的吸引力，还有一些被共享单车抢走了生意的黑车、三轮车师傅，也可能采取恶意报复的手段。当然，更大的问题是，用户出于"懒"或"方便"的思想，将单车就近停放、随意停放，完全不遵守共享单车让人们停放在划白线区域的规定，从而造成了路权矛盾。

另外，共享单车企业在对单车的管理也存在不少问题。如何规范用户有序停车、如何管理车辆、如何提供用户体验度更好的单车等，目前都还是在"摸着石头过河"，并没有形成一个正确有效的策略。

02

在爆炸式增长时，政府出面了

据统计，截至2017年5月，共享单车在全国各地的投放总量已经超过了1000万辆，进驻了100多座城市，注册用户则达到了1亿人次。

这是一个何其巨大的体量，如果政府不干预，这条"肥羊"还将长得更加茁壮。

作为创新的出行方式，共享单车能解决市民"最后一公里"的出行需求，又符合低碳出行的理念，政府对共享单车的态度首先是支持。但是，由共享单车衍生而来的"乱象"，也让政府不得不出手进行整治，以规范市场。毕竟，发展中的问题同样需要解决。

从好的方面讲，共享单车能改善出行环境，符合国务院印发的《国务院关于城市优先发展公共交通的指导意见》中的理念，如"加快转变城市交通发展方式，将公共交通发展放在城市交通发展的首要位置。把握方便群众、综合衔接、绿色发展、因地制宜的科学发展原则。改善步行、自行

车出行条件。"

同时，它也对推动智能制造有着一定的作用，符合国务院印发的《中国制造2025》中的理念，如：要加快推动新一代信息技术与制造技术融合发展，就要把智能制造作为两化深度融合的主攻方向，全面提升企业研发、生产、管理和服务的智能化水平，推动我国制造模式从"中国制造"向"中国智造"转变。

但是在规范管理的层面，国家也击出了重拳。

2017年5月22日，交通运输部发布《关于鼓励和规范互联网租赁自行车发展的指导意见（征求意见稿）》（以下简称《指导意见》)，并将用两周的时间，针对共享单车的公共议题公开征求社会的意见。

这份意见首次明确了政府鼓励共享单车的态度，承认共享单车的绿色、便捷的理念，也承认它们是城市交通出行的重要部分。

同时，《指导意见》也将各级人民政府明确为共享单车的责任主体，要求各级政府应该结合自身城市的特点，统筹发展共享单车，但是不鼓励发展互联网租赁电动自行车。

针对被人们广泛诟病的共享单车占道问题，《指导意见》也给出了明确的要求，各级地方政府需要根据自己的特点，合理布局自行车交通网络和停车的设施，推进对于自行车道的建设，规范停车点位的设置。不适宜停放共享单车的区域或路段，则需要实行严厉的禁停管理。同时，对于城市的重点场所，也要规划明确的自行车停车点位。

《指导意见》也要求共享单车企业落实车辆停放管理的责任，积极推广电子围栏等技术，并采取经济惩罚、记入信用记录等措施，有效规范用户的停车行为。

对于用户在使用共享单车中暴露出来的道德问题，《指导意见》要求建起一个涵盖企业和用户的基础数据库，对有不文明行为和违法违规的企业和用户，明确他们的信用记录，守信者会得到激励，不守信者则需有相应的惩戒措施。

同时，《指导意见》也对共享单车企业的运营服务、人们关注的用户资金和网络信息安全等方面分别制定了相应的条文。例如针对共享单车平台此前对用户把关不严的情况，《指导意见》特别指出，共享单车平台不得向未满12周岁的少年提供单车服务。

"单车企业应加强注册监管——未满12岁者不能通过认证、不能骑车。同时，学校和家长也应尽到教育、监护等义务。"交通运输部的法律专家张柱庭这样说。

为用户投保也是《指导意见》重点强调的部分，《指导意见》指出："创新保险机制，为用户购买人身意外伤害险或者第三者责任险。"现在，给用户购买保险的做法在共享单车领域已经比较普遍。

与人身安全一样，押金的监管也是之前舆论经常吐槽共享单车平台的焦点。《指导意见》提出，共享单车平台对用户收取的押金、预付资金，应该建立专用账户，并且接受社会监管，同时要积极推行"即租即押，即还即退"的服务模式。也就是说，《指导意见》鼓励共享单车平台采用免押金的方式来为用户提供服务。

此外，《指导意见》也对共享单车载人和加装儿童座椅将属违规等提出了明确的要求。

鼓励、规范，是这次交通运输部发布的《指导意见》的主要纲领，也是最重要的关键词。而这也是目前共享单车领域的民心所向、大势所趋。

随着《指导意见》的正式实施，共享单车企业的"野蛮生长"必然会受到限制，但它对社会、对用户带来的正面效应却是巨大的。

共享无界，规则有边。政府适时出手，引导的不仅是一个行业发展的方向，也是在为规范人们的绿色出行等方面做出努力。

03

各地地方政府的政策措施

共享单车看似发展得风风火火，但是也不乏地方政府对共享单车"横眉冷对"的时候。

2017年3月15日，上海市率先约谈了6家共享单车企业，约束他们带来的用户随意停放的不文明行为。

2017年3月20日，北京市西城区委政府约谈了摩拜和ofo，要求他们控制在西城区投放的单车数量，并且明确表示，在长安街沿线的10条大街，都不得投放共享单车。

2017年4月24日，因为停车占道现象严重，浙江省绍兴市突然叫停所有共享单车，并表示共享单车需要审批才能进入绍兴市场。

其实，早在交通运输部发布《指导意见》之前，各地的地方政府就已

经率先行动了起来。

2017年3月，北上广深等一线城市就在着手制定关于共享单车的管理规范和行业标准，并且纷纷给出《指导意见》。

2016年12月，共享单车的问题就引起了深圳市交委和政府各部门的重视，并开始着手起草《关于鼓励规范互联网自行车发展的若干意见（征求意见稿）》。该意见稿对于以摩拜单车为代表的共享单车给予了鼓励和支持，同时也将为共享单车企业在深圳的发展创造更良好的环境，便利市民的同时也引导和规范文明用车。深圳这份意见稿的发布，对后来许多城市出台的指导意见起到了很好的参考作用。

通过广泛征求市民的意见，2017年4月6日，《关于鼓励规范互联网自行车发展的若干意见》正式由深圳市对外发布，并已在4月20日正式得到了实施，有效期为5年。

深圳的这份《若干意见》根据政府部门的职能职责进行了明确的分工，如交管部门负责共享单车的通行、停放的执法管理，城管负责绿地、绿道的单车停放管理等。对于共享单车企业，深圳也采取了鼓励相关企业在深圳办理商事登记的措施。

同时，《若干意见》也明确了共享单车企业方面的职责。例如投放规模要与深圳全市及区域设施承载能力、市民出行需求及企业线上线下的管理水平相适应，企业需向深圳本地的政府部门共享出行数据，企业也应为用户提供事故赔偿、押金安全、网络信息安全等方面的保障。如果企业在深圳终止服务，则需提前20天进行社会公告，并向用户清退预付金和押金。

此外，《若干意见》也指出，共享单车企业应该设立押金专用账户，保障消费者的资金安全，同时建立征信体系，市民违规骑车、违规停放都将纳入征信体系。

在深圳之后，成都、上海、南京相继发布《指导意见》。其中，成都市城市管理委员会联合成都市公安局发布的《成都市关于鼓励共享单车发展的试行意见》，南京市交通运输局发布的《南京市促进网约自行车健康发展的若干意见（征求意见稿）》都和深圳出台的《若干意见》有些相似之处，主要是以第三方的视角，明确政府各个部门对共享单车的监管职责，并对共享单车企业的职责、征信体系等做出了规定。

而上海编制的《共享单车团体标准》（征求意见稿）则比较特别。它要求，共享单车必须在3年内强制报废，并且对于坏车采取24小时维修制，而且各共享单车必须要配备卫星定位和互联网运行的功能。据悉，如果审核通过，上海的这份《共享单车团体标准》将会很快执行。

2017年4月21日，北京市交通委也联合多个政府部门共同发布了《北京市鼓励规范发展共享自行车的指导意见（试行）》（公开征求意见稿），成为国内第五个发布类似征求意见稿的城市。在《征求意见稿》中，北京市表示要优化设置供共享单车停放的专门区域，鼓励共享单车的企业使用电子地图等手段，并且要在自己的APP中标明单车可停放的区域和禁止停放的区域，共享单车企业也需要合理引导用户将单车停放在规定区域，并且要及时清理违规停放的共享单车。

同时，北京市发布的《征求意见稿》还指出，企业要完善自己用户的信用评价制度，多违规违约的用户可以列入"黑名单"，限制其对共享单车的使用。

据统计，到目前为止，已有8个城市出台了类似的《指导意见》，除了对单车总量、企业准入设置了门槛以外，还不同程度地对共享单车押金、征信、停放措施等给出了一些方向性的指导。而后续，必将有更多的城市加入到编制共享单车管理办法的队伍中来。

除了《指导意见》，有不少地方也采取了一些真正的行动。2017年6

月7日，共享自行车政府监管与服务平台在北京市通州区上线运营，北京市也将率先利用北斗导航技术实现共享单车的精细化管理。

共享单车之争已经进入到了下半场。或许，如何配合政府的监管需求，将成为共享单车企业在"下半场"的又一竞争焦点。

但是，对于政府监管的力度，目前业界也出现了不同的声音，多数专家认为管制要有，但也不用过度。管制过度势必会抑制共享单车的成长。网约车即是如此。滴滴公司资深副总裁陶然在《中国新闻周刊》专访时就曾说道："共享经济的核心是，将私人闲置的物品、知识技能和时间有偿地与他人进行共享，比如二手交易市场、Airbnb，都是典型的共享经济。只有每一个共享经济的参与者得到合理的经济回报，才能促进共享经济健康可持续发展。政府应退出本应属于市场的领域，转变为高效而专业的监管者，这已经为改革的历程所证明。传统出租车市场，恰恰正是政府对于市场不当介入，导致垄断经营下服务质量难以提升，消费者和司机都不满意，也引发了许多社会问题和群体事件，成为长期不稳定因素。"

在发展的过程中，共享单车虽然出现了各种各样的状况，但本意还是好的。假如，政府只是在介入时加以引导，让市场行为端正有序是不是更好？这是个值得深刻探讨的重大问题。

04

共享单车对新政的应对

针对各个地方出台的新政或《指导意见》，共享单车企业几乎都不约而同地表达了"愿意积极与政府各部门沟通配合，在政府主管部门的指导下，积极参与相关政策的制定和意见征集"这样的心声。

而在新规标准的层面，上海市提出的新标准比较有代表性。

上海《共享单车团体标准》的要求，可以看作是对各大共享单车企业的一个挑战。按照该标准，共享单车需要有24小时维修的机制，随之而来的就是配备大量的维护人员。但现实情况却是，有的共享单车企业在上海投放了十多万辆单车，但是维护人员却只有50个人，近乎没有管理。

也就是说，在现阶段，大部分共享单车企业都没有达到上海制定的《共享单车团体标准》的要求。而如果真按照新规实施，企业运营维护成本的上升将是不争的事实，但大部分共享单车企业表示这个上升的成本在可以接受的范围之内。

小鸣单车的陈宇莹即称，按照新《共享单车团体标准》对维护成本进行了估算。上海的一个单车维修师傅的月工资在5000元左右，以一个师傅可以管理200辆单车计算，一万辆单车需要50个人来维修管理。以此推算，共享单车企业每运营一万辆单车每月要支出25万元来聘请维修师傅。如果再以每月25天作为有效骑行天数来看，相当于每天赚一块钱，就能覆盖维修师傅的成本。

同时，上海市要求区域内的所有共享单车必须要有GPS定位功能。上海市政府管理部门会给企业提供电子地图，让参与的共享单车企业设置电子围栏。而在电子围栏这一块，小鸣单车是其中的先行者，用户只有将车停在了划定的区域内，才会停止计费，不然就会继续计费，直到车辆进入规定区域为止。

尽管小鸣单车的CEO陈宇莹提出，一个电子围栏的成本只有100元左右，它需要的无非就是一个埋藏在指示牌里的火柴盒大小的发射器。但这对还没有这项功能的其他共享单车平台而言，要对每辆单车进行改造，也是一个不小的"手术"。

在上海的新政面前，所有的共享单车企业都面临着一些挑战，领军的ofo和摩拜也不例外。ofo投放的单车过百万，但其并没有使用智能锁（最新投放的已装智能锁）。而按照上海的新规，则必须更换为智能锁。小蓝单车创始人李刚曾表示，智能锁是一辆单车最核心的部件，成本要在500元左右。如果ofo将后续的车辆都换成智能锁，以年产500万辆来算，光智能锁的投入就会达到25亿元之巨。

摩拜的单车早期宣称"4年免维修"，但在新规面前，3年内不管单车还能不能使用，都必须强制报废。而按照摩拜单车的运营模式，其3年内能否回本还是一个未知数。

而对于交通运输部发布的相关指导意见，随着其贯彻执行，无疑会让共享单车行业的竞争更加健康。但不可否认的是，它对现在想入场的创业者来说，已不像2016年门槛那么低了。在新政的监管下，资金存管、适当信息披露、业务模式逐步规范，创业者们"闪转腾挪"的空间自然大大降低。

综合各地的新规来看，定位系统和电子围栏相应的技术都是要求的重点。ofo对此的回应通常是：ofo已与北斗导航达成了战略合作，可安装中国自行制造的全球卫星导航定位系统，并且会借助该系统优化电子围栏定位技术。而摩拜则声称正在推出"智能推荐停车点"，可通过引导手段引导用户有序停放。优拜单车则表示正在积极研发电子围栏技术，希望以此为用户提供更加人性化的服务。

各地新规的介入，很自然地会给共享单车领域带来一些变数。在新规面前，如果ofo和摩拜进行改革，由于他们单车的投放量过于巨大，所带来的消耗值肯定会更高。

05

共享单车离统一监管还有多远？

现阶段各地政府及交通运输部对待共享单车的态度，似乎又让人们看到了他们此前对待网约车时的影子。

以滴滴的专车服务模式为例。

之前，交通运输部就专车与出租车间的摩擦事件向网民们进行了意见征集。问题主要有：专车是否应作为新业态纳入管理；传统巡游出租车经营权的改革问题；专车与传统巡游出租车驾驶员的从业资格管理问题；出租车和专车这两种业态是否应当实行数量调控；专门从事专车的车辆条件和标准问题等。

这次征集意见的背后，不只是讨论专车如何合法过渡，更像是撕开了传统行业改造的一个大口子，直问政府监管的边界究竟在哪里？怎么才能实现相关者利益最大化？

2015年10月10日，交通运输部运筹帷幄了近一年，终于发布《关于深化改革进一步推进出租汽车行业健康发展的指导意见》和《网络预约出租汽车经营服务管理暂行办法》。新规不仅为出租汽车行业开了部分绿灯，还给了专车合法的身份。尽管对新规人们有争议，且新规也并不十分完善，可它却成为全球第一个全国性的专车监管法规。

2016年10月25日，交通运输部再次发布消息称，由中国交通通信信息中心承建的网约车监管信息交互平台通过第三方软件测评，具备了与各大网约车平台、省市监管平台对接和数据交换共享的能力，正式发布实施。网约车具备了统一监管的功能，平台上线后，交通运输部即可实时掌握车辆的运行轨迹，可对网约车司机、车辆等实现更为精细化的管理。

滴滴和出租集团的利益之争在于，提供优化后的服务打击了原市场占有者。当政府介入后，双方之争就变成全力推动出台对自己有利的政策。共享经济走的是一条比传统经济发展更快、扩张更迅猛的路。所以，在发展途中被排斥、出现利益冲突，都是再正常不过的事。而优化立法和监管的趋势，就变得异常重要。

而共享单车也一样，目前各地的区域监管正在紧锣密鼓地进行。共享单车企业也在这种监管之下，加快了与区域政府的合作之路。

北京市石景山区便和摩拜合作，全面投放摩拜的"智能推荐停车点"技术。丰台区也是如此。2017年3月6日，丰台区在西罗园辖区内设立了30个停车点位，共享单车企业会派出专人来管理这些点位，除了规范好停放点的单车，也会对点外的单车进行归位停放。

在区域监管加急的同时，国家层面也由交通运输部出台了《指导意见

（征求稿）》，预示着共享单车统一监管之路正在稳步前行。之前，监管机制和行业标准落后于市场的发展，致使共享单车"乱象"加剧，有人也戏称，共享单车成了"国民素质的照妖镜"。

也许再过不久，共享单车的统一监管制度就将正式施行，像网约车一样的共享单车信息监管交互平台也将发展起来。到那时，共享单车才会真正进入一个规范有序的市场。在国外，已经有越来越多的共享单车平台向政府放开了自己的部分数据，如单车数量、位置数据、空闲单车数据和各个停放点之间的流动数据等。这些经验，有着很好的借鉴意义。

腾讯公司法务部总经理江波说："分享经济企业在高速发展过程中面临政府监管问题和参与者权益保护及平台责任问题。前者包括准入机制问题、政策引导问题、标准设立问题等，而后者包括法律及司法实践关系如何界定、消费者权益如何有效保护、审核和注意义务的程度如何把握和认定等问题。必须做到协同监管治理。只有加强政府、行业和企业的协同治理，才能破解分享经济发展中遇到的难题。"这番话对"新共享"的"共享单车"同样起着至关重要的作用。

有挑战，才能有创新；有质疑，也会有进步。在监管机制不断完善的过程中，共享单车企业完全没必要慌乱，要学滴滴打车那样，先稳住自己，让市场需求说话。毕竟，受益的老百姓最了解真相。

06

从共治走向共赢？

不管你如何看待共享单车，它都已经走进了市民的生活。

共享单车因为其低碳环保，有效解决市民"最后一公里"的出行需求，并且因为随取随用的便捷性，得到了政府机构的鼓励和支持。从各地方政府和交通运输部发布的相关指导意见来看，对共享单车也都无一例外给予了支持态度。共享单车不会被取缔，剩下的就是治理的问题了。

对于当前共享单车出现的问题，几乎都指向了车、钱、人三个方面。车当然是随意停放和故意损毁的问题，钱主要指用户的资金安全问题，人则是对用户骑行的安全担忧。

而这几点，在政府进行监管之后，都将陆续采取不同的措施来应对。

共享经济作为一种新的商业模式，把传统上那种拥有、产权的观念更大程度地转化到了协同、信任的层面。这种转变理所当然地冲击着既有的社会关系。而在过去的一年中，共享单车过于火热，吸金的能力过于强

大，理所应当地吸引了社会各界的巨大关注。随之而来的，就是它暴露出来的问题也更快速、密集地出现在了公众面前。

问题的出现是好事，它可以让这个行业冷静地思考应对的方法。作为一种创新的出行方式，共享单车不可能在一出现就带着完美的姿态，有问题、有批评、有质疑都很正常，共享单车平台和用户也必须正视这些问题。共享有了，剩下的就是共治、共赢，这可以看成是共享单车的三部曲，正在一步步地往前推进。

一位政府人士曾这样说："原则上应由政府、企业和用户三方联手促进共享单车的规范发展，政府管理部门出台管理细则、规范单车停放范围、对破坏单车者加大处罚力度等；企业建立信用积分系统、设置信用制度来激励用户规范骑行并举报违规行为等；用户增强文明使用的意识，同时对身边的不文明行为监督举报。"

而从现在的情况来看，三方都在行动之中。政府的管理在陆续出台，北京市甚至还规划了第一条"自行车高速路"，同时也将加速建设自行车专用车道。上海市也拟在2040年时，将绿色出行的比例提高到85%。

企业的解决措施不断创新，单车的质量标准在提高，不少单车接入了各种信用平台，规范了自己的征信体系，同时关于押金、余额的归还和退款的方式也都做出了不同的表态。同时，各家共享单车平台也在探索信用惩戒模式，把个人的信用积分和租车的费用进行挂钩，规范消费者的用车行为。

而在人的方面，用户对于公德丧失的批评之声也一直都在。

用车秩序、诚信机制的建立都需要全社会的共同参与，在"共治"的过程中走出困境，政府要相信共享单车的市场有自我调节的能力，但同时也要进行必要的干预，建立有序的市场进入机制。

　　其实，每一个新兴行业的产生和发展，都要经历一段磨合期。它要学会暂时适应旧的习惯与制度，努力等待新的制度出现，并随着行业的发展而不断完善。到那时，这个新兴行业才能进入上升期，发展的路才会越走越宽阔，达到"共赢"的状态。

第十章

"物极"之后，是"长生"还是"必反"

共享单车的未来会怎样？这是一个值得深思的话题，虽然我们无法准确地预料，但我们可以基于共享单车的现状，给其做一个理性的判断。

01

共享单车也玩跨界

在这个互联网的时代，产业的边界其实已经非常模糊。传统的商业讲究的是"道不同不相为谋"，而现在却已是专门的"道不同也相为谋"了。

纵观现在的企业，有很多都已经玩起了跨界。主营电脑的开始做快递，主营社交的开始与电信竞争，而做电商的又在玩金融……

奇虎360成立之初，主营业务是杀毒软件。可后来，大家都来竞争这一领域，瑞星、卡巴斯基争相杀入市场。为了应对激烈的竞争，360不卖杀毒软件了，反而免费送给用户使用。这样一来，用户发现360的产品不花钱，效果也还不错，于是纷纷安装。

在吸引用户进行安装以后，360就会不断地更新自己的产品，给用户保驾护航。在这个过程中，360其实已渗透到了用户的电子产品中。于是，它可以利用用户的电子产品做广告、做流量。因此，如果说360是一个广告公司，那也不算为过。这就是典型的跨界经营。

淘宝也是一样，马云搭建了一个平台，将买卖双方连接了起来。刚开始的时候，在淘宝开店是免费的，于是流量有了。等用户多了、关注度高了以后，这个网上的交易平台实际上已经变成了一个广告平台。支付宝也有类似的痕迹，在用户数量达到一定量级以后，支付宝就可以收取别的费用了。

为什么要跨界？因为当竞争加剧时，或者是有"鲶鱼"进入时，企业就需要一个新的增长点，甚至放弃核心业务谋求转型。而互联网这个本身就没有边界的行业，又让跨界变得比以往任何时候都更加容易。

而在行业中，跨界又可以分为垂直整合和水平扩展两种形式。垂直整合是整合产业链的上下游，这种模式比较难，但是成功后就很难被其他企业破解。例如，阿里之前的主业是电商，处在供应链的中游，上游有供应商品、支付通道、卖家，下游有物流等。它向金融业和物流进军，就是一种垂直整合。而水平扩展，指的是相似业务的收购与并购，接着是类似可替代业务的开展。例如百度从搜索工具扩展到云盘、电子书，甚至是网页游戏等内容。

从共享单车的行业来看，现在较好的共享单车平台，已经攒足了人气，但如果只是面向用户收取租赁费用，它的利润率无疑是很低的，盈利情况也可能是一本糊涂账。这时，共享单车就会谋求跨界转型，即使企业的主业不会变，企业内部的资源整合方式也会发生一定程度的变化。就像摩拜创始人胡玮炜所说的："摩拜现在每天都有数千万的活跃用户，摩拜已经成了现在最大的交通出行平台。这些活跃用户，便可能是摩拜盈利的关键。"例如，如果能让用户高频次地打开某款共享单车应用，那这款共享单车就可以在骑行之外，拓展其他的消费场景。也就是说，只要通过

主业把平台做大，大到某个临界点，就可以绕过主业，通过其他方式去赚钱。

而实际上，共享单车领域的跨界已经在轰轰烈烈地展开，只不过这些跨界，基本上还是在水平扩展及和其他企业合作的基础之上的。

单车+餐厅

2017年2月，摩拜联手肯德基在天津开了首家肯德基摩拜餐厅。2017年4月，摩拜又联手Wagas打造了以"摩拜单车"为主题的餐厅，这些餐厅将陆续在上海、北京、广州、深圳等地开业。摩拜成为第一家将共享单车融入餐饮行业中的企业。

在这些餐厅中，"吃饱了才有骑劲""让自行车回归城市"的标语，以及富含摩拜的元素随处可见。但最具创意的还是单车餐桌，"让你的胃和双脚都活力开动"。

Wagas来自于丹麦，一直倡导返璞归真、快乐从容和充满正能量的"轻生活"方式；而摩拜的品牌定位是"轻生活、爱自由、低碳环保"，一直宣扬帮助市民更便利地解决短途出行和解决交通拥堵、减少大气污染的理念，与Wagas有着一定的相似之处。

两大品牌的跨界融合，似乎在更强烈地传递一种"轻生活"的生活方式：让用户知道，无论是骑行还是美食，都应以淡然和惬意的态度去面对。

可以想象，未来的人们会不会扔掉工作中的忙碌，骑一个小时车，再来一碗轻食的沙拉呢？这或许是摩拜的经营者们最愿意看到的。

其实，共享的概念融入餐饮业、便利店不是新鲜事，宜家有宜家的餐厅，米其林也有米其林的餐厅，就是京东的刘强东也宣布京东要在未来5年开设100万个便利店。商家们的算盘是，将餐厅打造成餐饮服务基本功能+主题文化+消费体验的平台型企业，通过美食，向用户传递自己倡导的生活方式，从而让原本属于餐厅的顾客转化为自己的拥趸。

单车+长租公寓

2017年4月，摩拜宣布联手贝客公寓，在北京贝客立水桥店发布了两款以单车为主题的公寓户型，即"摩拜主题公寓"。同摩拜跨界打造的餐厅一样，主题公寓的房间也充满了单车、运动的元素。

贝客公寓成立于2013年，主要覆盖国内重点的一二线城市，为用户提供标准化的租房产品和服务，其用户以年轻白领、大学生群体、创业者为主。这些人追求生活品质的时尚感和个性化，并且期待社交活动，乐于分享。而这些，和摩拜单车的用户群、理念有一定的重合性。

从某种意义上来说，摩拜和贝客也都是新生活的推动者。其合作的目的，正如贝客公寓创始人魏子石所说："这次合作对于双方来说是第一次，但绝对不是唯一的一次。我们希望通过本次合作，向大城市里的年轻朋友们传递一种愉悦美好的生活方式，告诉大家，在大城市里打拼奋斗的同时，年轻人也可以以更加乐观、更有品质、更有尊严的方式经营好自己的生活，由内而外散发更加饱满的生存状态。"

单车+游戏

2017年3月，Hello bike宣布与网游《魔域》展开合作，这也是共享单车第一次涉足游戏领域。单车和游戏，看来完全不相干的领域却走在了一起。

实际上，这也是建立在二者理念重合的基础上的。《魔域》和Hello bike都宣扬"随时随地享受娱乐，快乐出行无处不在"。Hello bike希望寄托于这次合作，在《魔域》的游戏内推出类似于共享单车的体验玩法，并以之吸引用户。

单车+旅游

ofo在发展的历史中，曾经有过一段打造骑行旅游的历史，未来很有可能还会将业务延伸到骑行旅游的市场。Hello bike在厦门已经在针对游客推

出骑行旅游的服务。这些都是单车+旅游的玩法。

而实际上，单车与旅游的关联也是较为紧密的。至少在目前，骑行旅游有着不小的市场。据统计，我国的骑行爱好者达到6000万，全国有3000多家自行车俱乐部，每年关于自行车的主题活动和赛事就超过3000多场。到2020年，这个市场的规模甚至有望达到1600亿元。

如此体量的市场，不能不让共享单车企业遐想。他们在做大自己的平台后，就完全有可能整合车辆、俱乐部资源，提供车辆的预订、出租，或者是设计骑行路线，再延伸到酒店预订、景区服务等场景，这都是完全有可能的。

此外，与共享单车有关的休闲、健身等领域，也可能在未来成为共享单车跨界的对象。而在水平扩展以后，垂直化的跨界也可能会很快实现。到那时，共享单车的盈利模式可能才会逐渐清晰起来。

02
共享单车会走上滴滴的老路吗？

进入2017年，共享单车的竞争就进入了白热化阶段。各家共享单车企业纷纷出招，你融资我也融资，你补贴我也补贴，你推新款我也推新款……这一切，都不免让人有"似曾相识"的感觉，就像是当年网约车的老路。

2012年9月9日，滴滴诞生于北京中关村，它是一款由小桔科技公司推出的免费打车软件。该软件投入使用不久，便立刻得到用户的喜爱，出行不仅变得方便，而且大大节省了费用。到2013年4月，滴滴已经获得了B轮腾讯公司1500万美元的融资。

接着，在争夺市场的过程中，滴滴和快的掀起了近乎"火拼"的补贴大战，各种补贴优惠层出不穷。市民也充分享受到了低价出行的好处。

经过一场没有硝烟的战争之后，滴滴与快的实现战略合并，接着又拿

下Uber，终于在这场竞争中存活了下来，市场占有率达到了70%以上。

但是后来，政策的收紧，加上滴滴本身价格上涨，滴滴用户的用车感受直线下降，平台司机减少、打车困难等现象频频出现。它也从出行难的解决者变成了出行难的见证者。据称，在高峰时期，有用户加价三倍还打不到车，甚至还不如原先站在路边招手打车更快捷。

从滴滴的路径来看，有很多人认为共享单车这种创新的出行方式，也会复制滴滴的历史，掀起一场"短途出行"的革命，并且在随后变得"沉重"。

但是，不要忘了，共享单车的模式和滴滴有着本质的区别。共享单车的创新有很大一点是从"有桩"到"无桩"。但是"无桩"的共享单车也对用户的道德带来了考验，随意停放的问题一直存在，且目前还没有得到有效的解决。

共享单车的管理可以说天生就有着不少的漏洞，它在解决了人们短途出行的需求以后，又在一定程度上把管理的成本转嫁给了政府和社会。因此，政府的监管势在必行。

但是，政府对于共享单车的态度又和滴滴有所不同。一方面，政府是鼓励共享单车的；另一方面，只是为了将共享单车变得更加规范化。毕竟共享单车带来的仅是一些不太可能造成人身安全的问题，而网约车可能存在更多、更大的环境、交通及安全问题。因此，政府对待共享单车的态度，也明显不会有网约车那么严厉。

目前，滴滴也在有意识地寻找自己与短途出行的结合点。

2016年9月，ofo宣布获得滴滴出行数千万美元的战略投资。战略投资之后，ofo将与滴滴展开更多的合作。ofo可以得到滴滴资本、用户流量和运营方面的支持，而滴滴则能通过ofo拓宽自己出行的维度，即以前没有涉及的短途出行。

从滴滴的角度看，同样是出行领域的分享，共享单车当然也会在一定程度上威胁它的地位。而随着ofo这样的共享单车巨头在掌握了一定程度的用户群以后，它们在未来也很可能推出共享汽车的服务。滴滴当然不愿意看到这种情况发生在自己身上，因此选择了通过战略投资的方式来抓住这潜在的机会，限制可能的威胁。

滴滴后来成了出行分享的"独角兽"，共享单车也会出现"独角兽"吗？短期内看来似乎也不太可能。滴滴在成立之初，Uber还没有登陆中国，易到的发展也相对保守，同年诞生的快的虽然发展也很快，但它以杭州为大本营，短时间内并没有与滴滴形成正面冲突。也就是说，滴滴在没有太大的竞争压力下，迅速崛起就成了必然。而共享单车在刚起步时就面临了激烈的竞争，同时各共享单车企业大本营及发展路径又有诸多重合，都是在北上广深发力，融资情况和发展速度也比较相似，短时间内谁也吃不下谁，竞争必然还将继续。

现在，滴滴的价格变相上涨不少。共享单车也会出现这样的情况吗？目前看来应该不太现实。毕竟，自行车这种交通工具，出行的成本本来就低。共享单车现在推出的价格也符合自行车的本身规律。而如果共享单车提高用车的价格，超过了用户的预期以后，那人们必将重新回到乘坐公交车、地铁，或是使用公共自行车。这当然不是共享单车企业愿意看到的结果。

从另一个方面来分析，共享单车的业务延伸也不可能做到像滴滴那么多元化。滴滴可以做专车、代驾、试驾等，但共享单车却不太可能进行多元的横向发展。虽然共享单车和滴滴一样，都有基于用户大数据进行延伸

的功能；但滴滴的机动车有品牌档次之分，它收集到的用户数据也更有针对性，后续的产品开发也会较为精准。共享单车的用户各类人群都有，特征不如滴滴那么明显，后续数据开发的价值就会打一定的折扣。例如，共享单车可以延伸到自行车销售领域，但是是卖传统的自行车还是卖智能自行车，或者两者的比例要如何分配，都需要精准的用户画像。

因此，共享单车和网约车看似相同，但如若细究，则能发现二者实有天壤之别。单纯地以滴滴的历史路径来判断现在共享单车的发展趋势，是有着很大偏差的。

03

是"三足鼎立"，还是"一山二虎"？

对于现在的共享单车，曾有网友打趣说："后入局者还不抓紧的话，可能已经没有颜色可以用了。"

橙的、黄的、蓝的、绿的、白的，只要是常见的颜色现在都已经被各共享单车企业刷到了车身上。有网友统计，现在进入市场的共享单车企业已经达到了50多家。对于后入局者，倒确实是不太好选择自己特立独行的"颜色"了。

2017年6月8日，一款"土豪金"版的共享单车迅速刷爆网络。亮瞎眼的车身自然为它带来了超高的关注度。据悉，这是海尔无线和酷骑联手打造的产品——3.0黄金版共享单车。

颜色还不是这款单车全部的吸睛之处。这款单车还安装了无线充电设备，在骑行的过程中就能给手机完成充电，落锁后即不再有这功能。这对

手机没电的低头族来说简直就是福音，在大街上遇到手机没电的情况，可能第一个念头就是去找这款共享单车吧。

此外，这款共享单车还带有升降座椅和智能语音锁的功能，用户只需在APP中输入身高、开锁就可以了。当然，超高的配置让它的价格也会贵一些，从车身上可以看出，它的收费标准是每半小时1.5元。

据了解，这款共享单车由海尔提供技术，由酷骑提供产品，并且准备在国内50多个城市投放。

可以看出，共享单车还有入局者，甚至名企跨界来玩的也不少，像这款黄金版共享单车背后的海尔。

2017年6月，有消息传出，摩拜完成了对由你单车的收购。虽然当事方对该报道进行了否认，但仍存疑很多，引发外界诸多猜想。假如这消息确实属实，那它便是共享单车业内的第一桩并购案。由你单车同ofo一样，都是从校园做起，并且它本身有着300万量级的用户数，此前也获得了不菲的投资。对于这样一个处在共享单车第二梯队的企业，摩拜的收购，彰显的可谓是隐藏不住的野心。

未来，也许还有新的入局者。当然，也可能会有倒下者，像之前提到的悟空单车。

在这么多的共享单车玩家中，摩拜和ofo当然是其中的佼佼者。但对于两者谁是老大，谁是老二，目前还没有一个准确的说法。

尽管摩拜和ofo都宣称自己赢得了市场中超过50%的占有率，但这都是他们自己的说法。而在第三方机构发布的数据中，也是矛盾重重，有说摩拜领先的，也有称ofo是老大的。真正哪个在前头，谁也说不好。其他的入局者，能否给两大巨头带来冲击，也是一个未知数。

2010年，团购兴起。团购界的开山鼻祖Groupon在开张7个月后就实现了盈利，这样的发展速度，使其马上引来了大批量的复制者。到了2011年，我国国内的团购企业就达到了惊人的5000多家，"千团大战"初现。但在表面的繁荣背后，却是众多团购企业在其中"苦苦挣扎"。

不久，市场转冷，加上资本寒冬的侵袭，团购行业迅速跌入低谷。大批量的团购企业倒在了这场寒冬之中。团购企业之间从"求生存"转为了寡头之争。

2013年，团购企业经历了生死沉浮的"前十之争"，之后又是"十进五"。在五强格局定型后，前两名美团和大众点评的地位已变得不可撼动，但第三名的争夺却越发激烈，糯米、拉手网互不相让，而且从线上转到线下，变成了"真刀实剑"的肉搏战。

可是最后谁也没有成功突围，团购企业也从"三国鼎立"变成了"楚汉相争"，最后以美团和大众点评合并为一家结束了这场"战争"。

现在，共享单车的格局和当初的团购乱战有着极高的相似之处。虽然没有"千团大战"，但是"春秋十国"争雄的局面却早已摆在了那里。

而按照著名的"三四定律"，在一个稳定的市场中有影响力的竞争者的数量是不会超过三个的，而其中最大竞争者的市场份额又不会超过最小竞争者的四倍。如此来看，在摩拜和ofo牢牢占据业界前两名的基础上，其他单车还有争夺第三名的机会。

虽然，小蓝、小鸣、Hello bike都宣称自己是共享单车界的老三，但真实的情况就如摩拜和ofo谁是老大一样，无从知晓。但是可以预见的是，必然会有一些企业因为跟不上节奏而倒下。在快速发展的浪潮中，留给这些后入局者的时间已经不多了。

　　当然，现在来争取业界的排名，对共享单车企业来说还为时尚早，"三足鼎立""一山二虎"都是后话。鹿死谁手，犹未可知。共享单车企业要丢掉恶性竞争的想法，老老实实地在市场中打拼。最后，用户和市场终会替他们的排名说话。

04

是洗牌，还是合并？

在很多领域，合并都好像是最终的路线。出行共享的滴滴和快的即是如此。

2015年2月14日，滴滴出行与快的打车联合发布声明，宣布两家实现战略合并。这次合并对两家公司都有非同寻常的意义，他们从原先的对手一下子成了朋友。创业之初，滴滴与快的争先恐后比补贴，赛着跑地抢客户，大把大把地烧钱，都烧得快要两败俱伤了，两位老大终于肯坐下来谈一谈，握手言和。战略合并的结果就是，两家公司都可以正常有序地继续运转下去，没有了恶性竞争，没有了针锋相对，结伴经营起中国打车软件市场的明天。

和平共处的结果是双赢的。2015年全年，滴滴出行包括出租车、专车、快车、顺风车、巴士、代驾、试驾、企业版在内的全平台订单总量达

到14.3亿，注册用户突破2.5亿。仅"快车拼车"一项业务，运营没多久，就扩展到全国15个城市，有超过8320万人次使用，日均订单突破157万。

有滴滴与快的的前车之鉴，预言共享单车企业摩拜和ofo最终会合并的声音并不少。

如果是合并，共享单车企业就会产生一只"独角兽"。我们来看看各大行业的"独角兽"特征：估值超过10亿美元，改变人们的生活方式，产生巨大的经济影响。

会不会有一家企业冲出重围，成为共享单车界的这只"独角兽"，现在下断言还为时尚早。但是，在它成为事实之前，各大共享单车企业都还有很长的一段路要走。

首先是提升自己融资的能力。现在的互联网企业，基本都属于资本驱动型，谁能够更快地融到更多的钱，谁就能够占据主动性，能够持续地烧钱。在盈利模式尚不明朗的共享单车界，这一趋势表现得更加明显。

其次是降低运营的成本。我们已经提到过，共享单车看起来便宜，但企业的运营成本却极为高昂。运营成本降不下来，企业就可能一直负债运转，而这样的结局，不用想也知道。

还有就是能不能在三四线城市和海外深耕细作。一线二线城市竞争激烈，而且市场趋近饱和，向三四线城市进发就成了共享单车企业的必然趋势，如果做得好的话还可能会造成反哺的效果。这就像美团采取的"农村包围城市"战略一样。但是在三四线城市中，"最后一公里"的需求可能不具有普适性，因此共享单车企业需要拓展更多的使用场景。而海外市场有别于国内市场的现状，对共享单车也是一个挑战。只不过海外市场相对高的客单，能在一定程度上提高共享单车企业的盈利能力。

对用户的拓展也是一个方面，现在共享单车的用户群主要是青年人群，未来能不能拓展到老年群体呢？

最后是有没有创新型的战术，能不能精细化运营，能不能打对方一个措手不及，并且能把对方按在"坑里"，长时间地爬不起来。而有了创新的能力和精细化运营的手段，也才有了融资的优势，也才能够在这个巨大的市场空间里继续成长。

做到了以上这些，共享单车企业才能扫平成为"独角兽"路上的其他障碍。

另外，不管合并与否，在共享单车的进程中，洗牌则是必然会出现的一道关口。

可以预见的是，未来的市场会更加细分化。在口碑比较好的城市，共享单车可能会红红火火，而在口碑较差的城市，用户就会更加谨慎。现在一些三四线城市的用户，他们使用共享单车，还处在尝鲜的阶段，一旦这股新鲜劲儿过去了以后，发现用不用共享单车都没有太大的影响，那共享单车的势头就一定会受到遏制。

同时，如果大部分市场总是被摩拜和ofo占据，剩下的几十家企业将为剩下的市场鏖战不休。如果他们无法在激烈的市场竞争中站稳脚跟，就可能像悟空单车一样倒下，让用户吃上一些哑巴亏。这些体验必然会使得用户更加信赖摩拜和ofo这样的"巨头"，从而来降低自己的风险。于是，强者更强，弱者更弱。在两巨头之外的其他共享单车企业，就会面临更加严峻的挑战。

而共享单车的市场，以后肯定也会有统一的标准，不合乎标准的企业也会被淘汰出局，行业的整合洗牌势在必行。对一些共享单车企业来说，靠押金理财维持生计的模式必然会走向死胡同，没有电子围栏技术的企业也会被淘汰出局，无法给车辆加装GPS的共享单车同样难以生存。在去掉了押金的基础上，共享单车企业对资金的需求也会加剧，资本对共享单车

企业的投入也会变得更加理性。

　　共享单车行业还在乱战，这也是前期资本推动下粗放式发展的必然。而在市场优胜劣汰的法则中，只有有着优秀管理水平、为用户提供优质服务的企业，才能带领共享单车健康发展。

05

共享单车未来的技术和生态畅想

当共享单车的战斗进入下半场，用户骑行习惯的培养已经接近养成。考虑将更多的科技和功能加入到共享单车之中，提升用户的骑行体验，找到更多的盈利点就成了新的发展方向。

未来的共享单车会变成怎样？

在这里我们不妨做出一些设想。

如果，类似于电子发射器的电子围栏装置不仅仅指示停车地点，对用户将车骑上机动车道、即将发生碰撞的情形等也有提示，那骑行的安全系数就会高得多。

如果，共享单车车身上有一个传感器，它能够对单车周边的空气样本进行实时的监测，并且将监测的数据传到云端，这些真实的数据就具有重要的价值。

如果，共享单车的APP带上导航功能。用户在任何地方，都可以通过

APP查询最便捷的单车骑行路线，甚至，共享单车的APP还能成为一个社交工具，用户可以分享城市美食地图、城市旅游地图等。

如果，政府、共享单车企业通过追踪单车的GPS轨迹，得出各个路段交通量的具体数据，共享单车企业可以调整投放策略，而政府则可以更好地进行城市、交通规划，如哪些地方可以多放一些绿道，哪些地方需要少放一些绿道，哪些地方存在公共交通盲点等。

用户体验的提升可以为共享单车打造新的发展方向。例如，通过用户的骑行数据，来与休闲、健身、旅游等行业融合，使共享单车企业获得与其他行业合作的机会，为打造自己的生态系统做准备。

在这里，我们先了解一下商业生态系统的概念。

1993年，美国战略学者詹姆斯·穆尔首先提出了商业生态系统的概念："商业生态系统是以组织和个人的相互作用为基础的经济联合体。"在这个生态系统中，企业自身只是企业生态中的一个成员，该生态系统内还有生产者、供应商、竞争者和其他利益相关者等。在这个生态系统内，企业需要考虑自身所处的位置，才能创造出"共同进化"的商业竞争模式。

但当社会来到互联网时代时，商业生态系统又有了更新的含义。2011年2月11日，诺基亚宣布与微软进行战略合作，对于合作的理由，诺基亚新任CEO史蒂芬·艾洛普在一篇关于"燃烧的蘑菇"的内部邮件中称："我们的竞争对手并不是靠终端抢走了我们的市场份额，他们靠的是一整套移动生态系统。"

从这里便能看出"移动生态系统"的重要性。设想一下，当共享单车能够集合更多的功能，变成一个客户端，那它的客户端可能就不再只有共享单车，而将出现与用户自身偏好密切相关的东西。

在这样的情况下，共享单车就不再只是解决人们出行"最后一公里"的问题，而是有了更加深度的应用。这些应用叠加以后，就代表着共享单车功能的延伸。共享单车在变成我们生活的一部分的同时，也在引领着我们的一种生活习惯。而这种生活习惯都会以共享单车为圆心发散开来。就像小米宣称的那样："今后五年的主要任务就是优化平台生态业务。"

小米的移动互联生态圈目前由四大板块组成：智能硬件（手机、智能家居）、互联网内容（游戏、影视等）、互联网服务（云服务、大数据、网络金融）、小米网与国际拓展。但要整合和打通整个生态圈，小米还需要继续努力。

而共享单车的生态圈，还在起步阶段。它必须通过自己的努力，通过"共享单车+"，实现共享单车的价值最大化。

第十一章

共享单车启示录：传统企业该如何玩转共享经济？

大火的共享单车，有很多值得传统企业借鉴的地方。它给我们树立了一个行业的标杆，也让我们看到了其他领域共享经济的方向。未来是一个"共享"的时代，要紧跟这个时代，就必须要玩得转共享经济。

01

共享单车，对传统公司的启示

在共享单车出现以后，我们的出行方式就好像发生了本质的变化。

在共享单车出现之前，人们对于短途出行的选择确实不多，要么步行，要么乘坐公共交通工具。私人自行车在汽车等方式出现以后，因老套、档次低等因素使它一直受不到青睐。而共享单车却因为它的时尚酷炫和让人耳目一新的使用方法，将自行车这种原始的交通工具彻底盘活了。

大火的共享单车充分发挥了互联网的精神，随骑随停，如果不考虑它带来的问题，这种便捷性是以前任何时候都没出现过的，而且它通过用户的使用，有效地实现了资源的自我流动。

这是一种互联网的交互方式。就像《失控》一书的作者凯文·凯利描述的"传真机效应"一样。一台传真机其实是没有价值的，它要产生价值，就需要和另一台传真机联系起来，而它能够联系到的传真机越多，所产生的价值也就越大，这也被称为是收益递增效应，是互联网经济的一个基础。

现在，随着城市交通方式的丰富，人们长远距离的出行有了更多的选择。但是对于"最后一公里"却始终是人们需求的痛点。打车不划算，乘坐公交又太绕，于是人们理论上认为用步行去完成它是最靠谱的事。也就是，痛点没有被激发出来。

于是，当共享单车出现以后，人们才恍然大悟："哦，原来最后一公里还可以骑单车。"

其实，除了摩拜对单车有过全面的改造以外，共享单车整体上并不算有新的技术。智能锁，是已经出现了很多年的东西；而机械锁，更是没有太多技术含量的产物。因此，共享单车综合来看，还是一种全新的商业模式的爆发。

首先，共享单车很好地抓住了智能手机爆发式增长带来的机会。据统计，2017年第一季度我国仅微信的活跃用户就达到了7.6亿，一半以上的国人都在使用智能手机，而且会通过手机进行移动支付。共享单车将自己的商业要素都搬到智能手机上来，便正好应对了消费者的使用习惯，也就是说这个模式成立的条件非常成熟了。

其次，是抛弃了停车桩。这是非常重要的一点。用户只需要将车停在路边画白线的区域即可，相较起以前有桩的共享单车来说，已经方便了不少。摩拜最早选择在上海试运行，据说有很大一部分原因是上海的道路路边白线系统比较完善。

最后，是共享单车颠覆式的商业模式。如果从表面上看，共享单车算得上是一个互联网公司。用户打开APP，骑行共享单车，平台通过云端计费、收集数据。然而，它又与传统的制造业紧密结合。共享单车的每一个部分，从锁头到链条，都会由自行车厂商来完成生产。互联网和传统的制造业紧密结合。共享单车这种软硬结合的方式从某种程度上来看，能给制造业带来一些启示，制造业的"互联网+"不能是"+互联网"，经营者们

需要从主体建企业官网、线上门店的思路中醒悟过来，而将其回归到制造业中，要么更简便，要么更廉价。

在互联网+的时代，突破性的创新多半来自于跨界的"野蛮人"，而非业内的自我动态调适。从日常生活中司空见惯的事情中找到需求的"痛点"，并且做出特供"移动互联网时代"的产品。这是共享单车经历的老路。但它创新型的商业模式的确让人拍案叫绝。在惊叹他们创新的同时，我们也应该意识到，商业的本质其实就是针对巨大的市场找到痛点的解决方案或是价值。

"理亿理"就可谓是传统企业中找到这一方式的很好案例。理亿理依托共享经济的理念，将金融机构、从业人员、投资人集合在一起，打造了一个一体的一站式、开放式移动互联网金融服务平台。

近些年来，我国的私人财富快速增长，理财师本应拥有更加广阔的施展才华的舞台。可现实却是许多传统金融机构过于强调理财师销售的功能，而忽略了理财师专业能力的提升，以及理财产品多元化的配置，理财师不能为客户提供科学合理且独立有效的财富管理服务，这就是市场需求的"痛点"。

基于这些"痛点"，理亿理应运而生，并以移动互联网为依托，构筑起了一个一站式、开放式的金融服务平台。与传统的模式相比，理亿理的平台具有多方的优势。

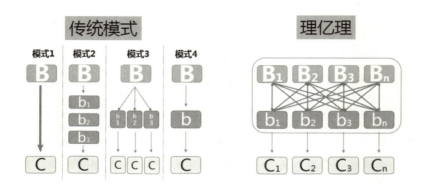

　　从上图即可看出，理亿理为金融机构共享理财师，为理财师共享全行业产品线，更重要的是它为投资人共享了理财师，投资人因此得到了更加专业化的服务。理亿理资源共享的特征，使得那些掌握优质客户群的理财师，可以在丰富的产品库中选择优质的产品推荐给客户，做出最适合客户的资产配置方案。

　　共享经济让我们打破了地域、空间的限制，将各种碎片化的资源连接了起来，不仅有效整合、提升了互动及交易的效率，也重塑了人际间的关系。资产、资源、技术、服务的所有者，都可以通过第三方平台分享给所有有需求的人，并且以此获得利益，使三方共赢。

02

把简单留给用户

当前，人们越来越喜欢更便捷化的产品或服务。以前吃饭要去饭馆找桌、点菜，现在则是坐在家里打开APP，动动手指，然后坐等"小哥"送货上门；以前要费时费力地去街边各大商场淘宝、淘喜欢，现在则是躺在家里的沙发上，随意浏览网上层出不穷的商品，看到满意就下单，然后等待收货……

"把简单留给用户"，如果要接一个后半句的话，那一定是"把复杂留给自己"。站在用户的角度，肯定是越简单越好，而越智能越复杂的系统，如大数据的计算、后台的支持等，就要留给企业自己来解决。

滴滴创始人程维曾说过一句话："资本不会乱下注，你让用户喜欢你，资本才会跟着喜欢你。"而让用户喜欢你的"秘诀"，就是将简单留给用户。

滴滴的用户观算是比较鲜明的。用户打开APP，坐在家里设好出行路线，就可以等待司机上门接载。这比原来站在马路边上，一只手向外伸着，活像个随风而动的稻草人等出租的方式要便捷许多。拼车服务又可以使去往同一方向的两名乘客拼车。如果乘客有此意愿，系统会向先打车的乘客通报第二名乘客的名字。此外，还有预约车服务。总之，它会变着法儿让用户感到简单便捷。

便捷是人们的最大需求。而尊重这种人性才是互联网最本质的文化。互联网除了引以为傲的技术，其力量要变得强大，就必须对这种人性有敬畏感，要学会深度地迎合。把人性与技术做到恰如其分的结合，也是互联网公司能够成功的法则之一。诸如UGC（用户生成内容）、卷入式营销、分享经济等，其实都是透视人性、尊重人性的产物。

共享单车自出现后，这种对人性的尊重同样得到了很好的体现。

它在APP上就可以操作完成，不需要停车桩，省却了原来公共自行车中必须依赖停车桩的问题，而且省却了付费办卡之类的流程。

其实，人们对于要花上一定时间才能用上的便利都有畏难情绪。

举个例子。在私家车中，办理一个ETC卡无疑会大大节省自己每次通过加油站、收费站的时间。但是还是有很多司机不愿意办理，关键的一点就是，它并不像手机安装一个APP应用、注册一个账号就能使用那么简单。

现在办理一张ETC至少得经过三个流程：

第一步，去银行卡办理ETC申请服务，如果遇上银行排队，那花上一两个小时是常事；

第二步，拿到银行快递的ETC卡后，去银行办理与信用卡的绑定服

务，同样可能花上一两个小时的时间；

第三步，去ETC公司安装ETC。

这几步下来，人被折腾得够呛。虽然实惠，但用户操作的复杂性，决定了它的办理人群就远没有那么多。

但是共享单车却有着足够的便利性，想用就用，想停就停，也没有复杂的办卡流程。未来，还可能全部免押金使用，或者是通过语音开关锁。原来几秒的操作不到一秒就能完成，用户的体验当然也就会变得更好，忠诚度也会越来越高。

每一个企业，都应该思考，自己的任何微小的不足是否都是以辜负用户的期待为代价的？有没有把最重要的关注点放在用户的体验上？公司发展大了以后，是不是就离用户远了？能不能保持创业的初衷，始终将用户放在第一位？

任何企业，对于自己涉及的人性问题都要有充分的研判与体认，要给用户制造便捷、安全、信任、经济、可评价、可分享的产品。这里面涵盖的内容越多，你的产品就越容易受到用户的追捧。

对于这些参数，不能等用户喊出来，而是要真正地用心去洞察用户需求，不仅要做调研，关注各种反馈数据，而且要换位思考，用心体验。

在小米，雷军算是非常关注用户需求的一个人，经常冲到产品开发一线。有一次他在接受记者采访时，发现了一个痛点：很多记者用智能手机录音会遇到被打进的电话打断、录音时间太长突然中断等状况。针对这些问题，在MIUI V5中，雷军以产品经理的身份，设计了MIUI V5的录音机功能。在一次交谈中，有朋友问雷军，如何将手机屏幕截屏存成图片。他了解到这个需求后，直接找到产品经理："很多用户需要这个功能，但是我们的快捷键功能很多用户不知道怎么用。有没有更简单的方法，让用户不用我们教，也能方便地截屏？"很快，MIUI通知栏下拉菜单的开关切入页面就加入了一键截屏的功能，用起来非常方便。

所以，传统企业一定要快速准确地了解到用户最不满意的地方，通过功能改善来缓解给用户造成的或轻或重的痛点，让用户体验到便捷、安全、有品质、好的产品或服务，你的产品或服务就是有价值的。

03

降成本，提效率

共享经济有两个核心：一个是降成本，一个是提效率。

在这个互联网的时代，共享正在成为人们离不开的词汇。而共享经济来得这么快，成本降了是其中一个重要的方面。例如在出行领域，以前长途出行，需要自己买一辆车，现在则可以共享一辆车。以前短途出行，要买一辆单车，而现在不是，人们如果想使用单车，只需在街头扫码就可以骑走了。

和传统经济相比，共享经济在用户成本上有着无可比拟的优势。

在企业的成本上来讲也是如此。共享单车在一个用户骑行完成后，下一个用户会接着骑行，只要有足够的用户，它就可以不停地衔接骑行者，这也是降低成本的一个途径。

无论从软件来看还是从硬件来看，无人驾驶汽车都比传统汽车的成本低。Google的无人驾驶汽车，去掉了方向盘、刹车、油门，而且考虑商业化了。科技的发展是突变的，高科技的东西，有与没有，就是从0到1的变化。无人驾驶汽车不仅没有司机了，而且车上的很多零部件也取消了。这样一来，就会进一步降低成本。

当然，现在共享单车的造车成本正在随着技术的进步逐渐缩小，只是运营成本还处在较高的阶段。但是，随着物联网、大数据技术的发展，运营成本的下降也将指日可待。

成本下降的同时，还需要提高整个企业的运营效率。

商家的运营效率主要看运营优势、运营成本和边际成本效益变化趋势三个方面。

运营优势可能来自行业，也可能来自于企业自己，表现为企业的利润和现金流的打造能力。共享单车简单点来说，就是薄利多销，但是比较容易形成现金流。

运营成本指完成服务要付出的成本。例如上门美容，表面上看只用手机，没有场地的需求了，成本下降了，但实际上美容师上门却有大量的成本，既有长途劳顿的成本，也有上门服务的服务成本。共享单车也是，运营的成本始终是自己的大头。

边际成本效益变化趋势是指互联网项目的运营成本不是固定不变的，往往会随着自己和市场的变化，要么迎来爆发性的增长，要么逐步恶化。好的互联网项目，都可以迎来爆发性增长，让边际成本下降，让边际效益上升。而预测边际成本效益的变化，着重考虑两个因素：一是随着新用户的增多，会否出现"规模大网效应"，边际成本逐步降低；二是竞争对手的模仿和跟进，有没有可以被利用的壁垒，还是会因为恶性竞争让大家都无利可图。

此外，还有交通网络的运转效率。例如，就算无人驾驶汽车成熟了，但是城市的交通严重拥堵，在路上根本没法跑，不管成本有多低，也是没

有用的。共享单车也需要智能调度，让所有的共享单车在这个交通网络里实现整体效率的最优化。要达到这样的目的，就需要共享单车企业向智慧出行的方向努力。

在这个方面，滴滴的动态调价是一个很好的参考。滴滴在定价时，先设立了一个基本价，再附加进行动态调价。因为现实中的出行，确实有很多不合理的地方。在专车数量较少而打车的人又多的情况下，滴滴就用定价控制供需平衡，而对于没车可打的人设计导流，让他们拼车，或是坐公交、地铁。导流可以通过动态调价的手段实现，而动态调价又是参照不同区域、时间和天气的因素来进行的。而且，滴滴还计划在未来，通过调度，争取让所有有需求的人都有车可用。

试想一下，共享单车也能从全天的不同区域分析预测整个城市的供需关系，再对单车的投放等进行精准的管理，就会有效提高整个城市的交通效率。

04

比产品更重要的，是商业模式

现代管理学之父彼得·德鲁克说过这么一番话："当今企业之间的竞争，不是产品之间的竞争，而是商业模式之间的竞争。"

所谓商业模式，是指企业之间、企业的部门之间，或是与顾客之间、渠道之间存在的各种各样的交易关系和连接方式。

如今在美国，大约有六成都是商业模式的创新，只有四成是技术类的创新。随着人工成本、原材料等价格的上涨，很多原来奉行技术领先、差异化和低成本战略的企业，在新的商业环境中，仅从上述方面进行调整，已经很难起到实际的效果。重构商业模式，才是企业持续发展、保持竞争优势的关键。

美国《科学投资》杂志曾做过一项调查：在创业企业中，因为战略的原因导致失败的只占23%，因为执行原因导致失败的也不过28%，而因为没有找到适合自己商业模式（盈利模式）而导致失败的占比则达49%。由

此，也可以看出商业模式的重要性。

任何一家企业都有自己的商业模式。但是好的商业模式是可以形成壁垒的。例如腾讯，它是一个开发即时通信的企业，但其商业模式却是强大的社交公司。腾讯的微信、QQ用户数量巨大，并且对用户有着高度的黏性。用户的社交网络越大，就越离不开这两样产品。因此在现阶段，几乎没有企业能撼动腾讯在即时通信方面的地位。

好的商业模式能化繁为简，在赢得顾客、吸引投资和创造利润等方面形成良性的循环。而有效的商业模式包含客户价值主张、盈利模式、产业定位、核心资源和流程等四个方面。

客户价值主张是指企业找到了满足客户需要和解决重要问题的产品。共享单车的一大创新，就是将自行车的买卖关系变成了服务关系。共享单车没有出现之前，人们对自行车的印象还停留在捷安特、永久、凤凰身上。而当共享单车出现以后，人们以前需要花上百元去购买的单车，现在只需要花上五毛一块就可以骑走了。共享单车为人们的短途出行带来了极大的便利，甚至变成了城市交通的基础设施。也就是说，共享单车的出现，让人们认识到了，对于短途出行，只需要拥有单车的使用权就够了，而根本不需要拥有单车的所有权。

盈利模式是指企业既能为客户创造价值，又能为自己创造价值的模式，包括成本结构、收入来源等。共享单车企业中，成本主要包括：车辆生产投放的成本，因丢失或损失而补充新车或维修保养的成本，运营管理的成本等。相较于成本结构，收入来源则是共享单车目前最不清晰的一个地方，每半小时0.5元到1元的租用骑行费用，现在来看已经很难让共享单车企业看到利润的曙光。而共享单车现在还在靠资本输血来寻求更多的盈利可能，或是规模化发展，或是连接其他渠道。如果有一天无法从资本市场融资，盈利模式就将成为空谈。这也是目前共享单车行业中最严峻的问题。

产业定位是指企业在一个产业链中所处的位置和充当的角色。共享单车企业中，摩拜等都是自营自行车，直接面对用户，是一种B2C的模式。ofo在经营大学校园市场时，是提供一个平台，连接供需双方的C2B2C模式。但在它进入城市以后，也有90%的自营车辆，因此它也算是B2C的模式。也就是说，共享单车企业在产业链中还是一个生产者，而并非是纯粹的第三方平台。但共享单车企业这种直接面对用户的角色，又充分缩短了供需平台，让自己的服务更加高效和快捷。

核心资源的流程指的是企业把各类有形和无形的资产进行整合后的生产、运营过程。共享单车主要是一个管理的流程，其难点是"潮汐效应"。也就是指，在某一地点找不到车而在别的地点却是车辆堆成山的情况，但它可以通过采集到大数据后的整合来改变。还有就是用户对车辆的占用问题、胡乱停放问题，也可以通过和政府合作规范的方式来解决。

在共享单车的这一套商业模式中，创新点很多，没有明朗化的地方也不少。现在对共享单车影响最大的恐怕就是投资者、用户和科技了。现在共享单车的盈利模式还不清晰。资本是逐利的，以后这个现状能不能改变，投资者的态度非常重要。对于用户，共享单车企业则需要持续提高用户的用车黏性，培养用户的骑行习惯。而共享单车想要走得更远，科技创新也是必不可少的环节。单车骑行的舒适度、APP的进一步简单化，都需要技术来驱动。

共享单车的商业模式对传统企业来讲有一定的参考价值，好的要学习，坏的要规避。好的企业在打造商业模式时，都应该将上述的四个要素以持续一致、互为补充的方式联系在一起。

首先，制定明确的客户价值主张。对此，可以从资金、途径、技能和时间四个方面来综合考虑，毕竟它们是最常见的阻碍人们完成工作的要

素。其次，设计一个完美的盈利模式。结合客户的价值主张和企业自身运营方式进行设计，尽量将利润最大化地体现出来。第三，明确自己的定位、确认关键资源和流程。企业要考虑传递价值的资源、流程和两者之间的关系，并将它们有机整合在一起。最后，完成规则、规范。新产品和新服务只有经过实践检验以后，才会逐步完善。商业模式不用一开始就朝圆满的方式去设计，毕竟新产品和新服务在推出的过程中，是灵活可变的，并且要随时对其进行调节整理。就像共享单车，尽管现在的商业模式还存在很多不完美的地方，但是它大火的现象已经预示着清晰的盈利模式或许某一天就会清楚地出现在公众面前。

商业模式的本质是和利益相关的交易结构。创造商业模式就要思考三个问题：谁是你的利益相关者？这些利益相关者有何价值可以交换？如何做出一个共赢的交易结构？当这三个问题清晰以后，有机的商业模式的筑成就不远了。

05

科技和资本结合，才能产生最大的威力

纵观共享单车的发展历程，互联网和金融堪称是它井喷的两大引擎。

科技革命带来的最大变革就是互联网。从2009年开始，我们这个社会就已经互联网化。互联网带来的结果便是云计算、大数据、物联网和人工智能。

云计算，指的是基于互联网的相关服务的增加、使用和交付模式，通常涉及通过互联网来提供动态的、易扩展的且经常是虚拟化的资源。简单来说，由于云常用来表示互联网和底层基础设施的抽象，云计算的运算能力也就高得不可想象，甚至可以让用户体验到每秒10万亿次的运算能力。

大数据在互联网时代的应用更是明显。全球著名咨询公司麦肯锡就曾做出这样的论断："数据，已经渗透到当今每一个行业和业务职能领域，成为重要的生产因素。人们对于海量数据的挖掘和运用，预示着新一波生产率增长和消费者盈余浪潮的到来。"这一数量巨大、结构复杂、类型众

多的数据构成的数据集合，如果能够整合共享、交叉复用，就能形成有效的智力资源和知识服务能力。所以说，移动互联网时代也是数据的运用时代，互联网企业的本质也是数据利用企业。

物联网是通过各种信息传感的设备，如射频识别技术（RFID）、传感器、红外感应器等，能实时采集任何需要连接、监控、互动的物体或过程，采集其光、热、声、电等任何需要的信息，与互联网结合形成一个巨大的网络。在这个网络中，物品本身就能够进行"交流"，无需人工干预，轻松实现对物品的"透明"管理。

人工智能的层面我们前面已经说过，这里不再赘述。

而共享单车中的摩拜、ofo，便是对新一代云计算、物联网和大数据技术综合运用，将超过百万量级的单车与用户连接起来，实现对车辆定位、车辆状态的控制，并对每一辆单车进行精细化管理。以摩拜的服务为例，它将自己的数据平台迁移到微软的Azure云平台上，加上Azure IoT物联网服务、Dynamics和CRM运营及客户关系管理服务，以及基于机器学习的预测分析和智能服务，就让摩拜实现了数字化的管理。未来还可能通过对客户行为的分析，实现更加精细化的管理。

在互联网的应用时代，这些新技术就好像一个人体。人工智能是大脑，云计算是骨骼，大数据类似于血液，物联网是肌肉。就像腾讯马化腾所说："未来的互联网，是传统企业在云端通过人工智能来处理大数据。"

科技带动共享单车，走上了降成本、提效率之路，同时也将共享经济的两个核心诠释得淋漓尽致。

但是光有科技还是不够的，还要有资本的推动。在不到两年的时间内，共享单车在资本市场上已经融资超过了27亿美元，成为典型的"吸金狂人"。据悉，摩拜、ofo甚至完成了E轮融资。这一新兴行业膨胀的现状，比之当年的O2O、外卖和网约车有过之而无不及。

资本不仅可以解决企业的产业结构调整，而且能为企业在营销、活动上提供非常必要的支持。一个新产品，从研发阶段、孵化阶段到推向市场，需要的资金是逐渐放大的。企业不仅需要原始的资金，还需要通过融资吸纳更多的外部资金。

不仅产品研发，还有市场布局。共享单车企业要想进入更广阔的二三线城市、投放更多的单车、覆盖更广阔的区域，都需要资本来助它们站稳脚跟。

而从2017年3月开始，各大共享单车纷纷展开了"补贴"竞争的策略，免费骑行、充值优惠、红包单车玩得不亦乐乎。而这些竞争的手段，如果没有"资本"这只幕后巨手，是根本调动不起来的。而如果引入资本慢，也会跟不上竞争的节奏。

科技和资本的结合，终于让共享单车产生了巨大的威力。在这场产业博弈中，传统的自行车企业已经完全沦陷。一方面是科技的创新，一方面是强大的资本支持，摩拜、ofo们握有大量订单，当然也就很容易占据产业链的制高点。因此，传统企业不应停留在只是搭互联网经济的顺风车上，而是应该多利用网络技术和金融的力量来激活自己的产业，为企业注入更多的活力。

06
形成跨界融合的新范式

在互联网时代，系统的开放性、生态性和重组能力都让跨界融合成为了可能。跨界，也是企业整合内外部资源，打破自己组织边界和系统结构的有效方式。

共享单车的跨界也是多方面的。

摩拜不仅联合了百度地图、中国联通、招商银行、中国银联进驻摩拜"生活圈"，还打造了自己的餐厅、长租公寓，甚至还与"不相干"的公司展开了合作。

2017年4月6日，摩拜宣布与欧莱雅合作，用户可以通过骑行的距离来兑换欧莱雅的优惠券。欧莱雅希望自己的产品能满足用户在外出骑行中的防晒需求，摩拜则希望借助欧莱雅的市场资源探索广告变现的可能。

ofo也不甘示弱。

2017年5月12日，ofo上线"ofo开放平台"，蚂蚁金服、滴滴出行、高德地图、中信银行、华住酒店、万科地产等成为首批进驻"ofo开放平台"的企业。ofo通过向合作伙伴放开API接口，使合作伙伴将ofo的骑行服务集成到自己的应用之中，用户可在这些公司的应用中使用ofo。这样一来，ofo势必会在更多场景中被骑行，促进小黄车的全球普及率。

"通过技术开放、服务开放，让ofo的技术能力在更广泛的领域得到应用，这不仅能促进共享单车的快速普及，同时也有利于建立一个以合作为中心的生态体系。"ofo的首席产品官陈为这样表示。

对于市民来说，出行是一个高频且刚性的需求，如果将它和具体的场景结合起来，就会揽得更多的优质用户，使用户更流畅地在出行和生活服务的场景中切换。共享单车与银行的合作让人们对互联网金融、消费信贷、互联网保险、理财服务等方面充满了期待，共享单车与酒店、地产的合作也让人们对酒店经营、地产开发有了新的认识，单车出行的业务边界就这样被重新定义。

共享经济让服务的渗透、延伸、扩展更具威力。共享单车正在整合越来越多的资源，凡是和出行有一丁点关系的企业都可能被拉拢过来，而且和政府也建立了紧密的合作，在打破业务边界之外，物理边界也被它全面打破。

在"互联网+"的背景下，越来越多的共享经济被催生出来，出行、住宿、食品、时尚、消费、电子等领域都出现了共享经济的影子，影响着市民生活的方方面面。企业便可以很自然地在移动互联网的浪潮中，搭建起一个平台，通过与自己有关系的企业展开应用合作，补全自己的生态

圈，就可以获得更多的应用场景，同时完善自己的生态体系。在这方面，共享单车给传统企业提供了一个非常不错的样本。

例如，东方惠乐创建的生态养老共享体制。在这个共享体制中，"老人需求、产业互联"是其中的标志，酒店、养生馆、生态农庄、医院、体检中心、度假村、老年创客工作站、老年学校、旅行社、老年健康产品及生活用品生产商、智能居家设备生产商、老年工作科研院校等机构，都可以融入东方惠乐的数字化智慧循环享老连锁运营平台中，从而创造出共同的价值，实现了产业间的共赢共享，也实现了真正的平台共享。

其实，互联网时代，BAT等巨头基本上把各种基础的工作已经做完了，留给创业者的机会已经不多。但是历史从来都是这样，一层基础设施建完之后，真正能赚到大钱的是在此基础上发展起来的新产业。所以说，在互联网+的时代，做看客的终将会被淘汰，你必须行动起来，用互联网思维武装自己，找出符合这个时代特征的点，把它做好，并且扩散开来，才是互联网思维的商业大智慧。

07

众果果汁的互联网"共享"打法

共享单车无疑掀起了一场互联网共享界的"革命"，这场风暴正在波及众多的传统企业。并且可以看到的是，有的传统企业已经在这条"共享"之路上走出了自己独到、成功的一面。

众果果汁堪称是果汁行业最会玩互联网共享打法的一个。众果果汁主打的是众果100%纯果汁和NB运动能量果汁，众果即大众分享的果汁NB即Natural Balance英文的缩写，意为自然平衡。其果汁取材于天山和昆仑山之间原始土地上的水果，这种水果榨出的果汁天然含有运动能量元素和电解质，能够有效补充人体所需的各种营养成份。

作为一个运动能量饮料的新品，按照传统企业的做法，众果果汁似乎应该先选择一家产品调研公司，对产品上市区域的消费者进行大量的抽样调查。这样做对传统企业而言，不仅会花费掉大量的人力、物力以及时间成本，而且最后得到的数据也不一定就是真实有效的。这些调查数据却决

定着产品是否上市的策略，因此风险极大。

　　然而，互联网的发展让众果看到了另一种兼具市场调研功能且能检测自己品牌力的途径，那就是众筹。2017年2月20日，众果在京东发起众筹。之所以选择京东，是因为京东有着超过2亿的用户量，并且京东食品类众筹占到了国内同类众筹平台的70%，为国内第一的食品类众筹平台。

　　凭借自己产品的时尚个性和专属于互联网人（其目标群体瞄准程序猿、电商喵、策划汪、网红咖）的营销定位，众果NB运动功能果汁在众筹发起之初就获得了强烈的反响。当天第一个小时，众果果汁众筹金额即突破100万元，1天下来突破300万元，第15天结束时，众筹金额达到了1020万元，参与众筹人数达到了4.5万，打破了京东食品类众筹的历史记录，成为速度最快、业绩最高、人数最多的京东食品类众筹记录保持者。

　　2017年3月，众果果汁推向市场，祭出多种共享单车似的"共享"玩法。

　　在运营理念上，众果果汁坚持走平台路线，围绕果汁产业链，吸引众多的看起来不相干而实际上关联极为密切的企业加入进来，互融互通，互助互利，创造最大的效益，正如摩拜基于百度地图、中国联通、欧莱雅，ofo基于蚂蚁金服、滴滴出行、高德地图等等。

　　众果果汁的运动能量型产品，使其符合刺激、紧张游戏玩家缓解压力、补充能量、愉悦心情的"重度需要"；而JJ比赛又是国内竞技棋牌的开创者，拥有多达4亿人群的忠实用户。在此基础上，众果和JJ比赛联合推出"JJ斗地主版众果果汁"，正好对应JJ玩家的口味需求，提高了玩家在JJ中比赛的体验感，同时又宣传了众果果汁的品牌，一举两得。

　　此外，豆果美食也是众果果汁跨界融合的主要合作者。众果果汁的社会责任是实现高品质的健康新需求，豆果美食满足的则是用户高品质的美食需要，其拥有2亿级别的庞大用户群。"高品质美食生活，纯果汁必不可少"正好符合二者共同的理念，于是双方联手推出一款豆果美食版众果

果汁，"美食+果汁"既让豆果的用户体验到了健康营养的美食，又让众果的品牌在豆果美食的粉丝中得到了广泛的传播。

在广告的开发上，众果同样独具一格。众果的海报极富感染力，它可以毫不谦虚地夸张地说自己的好，还让别人无可奈何。这就是NB体海报模式，充满正能量又极富自信。

在NB体成为继凡客体后的又一热门广告文案定会文体之后，众果适时推出一款"NB体生成器"。所有的人都可以根据这款生成器一键生成自己专属的NB体海报，成为朋友圈"最NB的人"，它自动生成对用户的自夸式总结，最后附上"其实没什么了不起，就是很NB"的结尾，放大用户戏谑而又略带炫耀的天然心理，而在这个过程中。众果的品牌传播当然也得到了极大地推广，对合作企业和众果品牌的推广量实现了裂变过10倍的效果，更重要的是，它还不花掉企业的一分钱。

众果知道没人愿意转发广告，但是如果将广告巧妙地隐藏在朋友圈内容中，其实也可以达到很好的效果。例如这款转发超千万的"想吃火锅的手配图"，其实就是众果巧妙营销的最好示例。

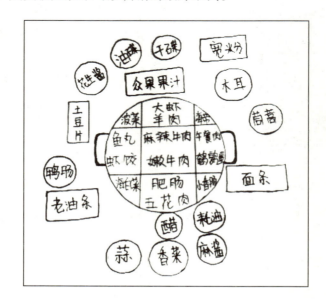

　　此图表面上仅仅是一个想吃火锅的手绘解馋图，其实却是内含众果果汁的广告。之所以选择火锅是因为火锅具有极大的群众基础，并且其出发点容易引起人们的共鸣，吃货们会详细比对图中的食材，而这食材中最显眼的位置所放的，就是众果果汁。同时，它是纯手绘，足够标新立异，如此种种，想让这则"营销图"不被网民、吃货们转发都难。同样，众果果汁1分钱也没花就轻松获得近1000万＋的阅读量，让人自然见识到了病毒式营销的巨大威力。

　　在众果果汁的成功之路上，既有对共享单车的借鉴，也有根据自己产品和企业属性，基于互联网的本身魅力创造出来的全新打法，而这些，都是值得传统企业借鉴的。共享单车模式的成功，不是让传统企业照搬，而是也要有自己的创新、融合、开创，走一条属于自己的产业之路，才是这个时代企业发展良性循环的经营之道。

08

亿则乐与共享营销

真正意义上的共享经济，是一种"我为人人，人人为我"的商业逻辑，即以闲置资源来换取利益的商业打法。它用极低的成本，争取到使用权点对点的交换，就像ofo早期提倡的"不生产自行车，只是连接自行车"一样。而这也是现代经济发展的一大趋势。

共享经济是以互联网为媒介实现的。在这种人人共享的经济结构中，消费者从共享中得到了节约成本和节省时间的好处，而所有者和服务提供者也避免了闲置带来的烦恼，而平台则是为消费者和所有者提供"共享"的地方，以获得一定报酬为主要目的，例如亿则乐。

亿则乐新媒体营销推广平台，是一家总部位于上海，集新媒体、新零售、共享积分于一体的营销推广平台，也是一种颠覆了传统营销模式的"共享营销"推广平台。

与别的电商平台不一样的是，亿则乐凭借海倍总部强大的技术资源，以任务众包的方式，整合全国的渠道，与中国万千中小企业一起，共享着万千的产品推广资源。

对于商家来讲，商家一旦在平台上发布产品，平台就会用最短的时间，通过大数据的方式进行匹配，将商家的产品精准推送给客户。同时，亿则乐旗下的亿则送，则依靠专业的网络技术团队，利用自身强大的产品服务和资源整合能力，为企业提供咨询策划、商城搭建、产品供应、平台运营、物流配送、售后服务等积分商城一站式外包服务，深度协助企业解决了诸多问题。

而亿则乐平台的粉丝则可通过关注、签到、看视频、转发朋友圈、转介绍等方式，获得积分，兑换产品。除此以外，平台还向优质的品牌供应商共享一些渠道，使其轻松推广、体验、招商，让这些中小企业主也能得到成本更低、质量更好的货源，最终赚到更多的利润。

亿则乐的营销推广平台，现已推出2.0模式，为各大中小企业提供了积分商城、O2O积分兑换等多样化的解决方案，在业内对立起了良好的口碑。综合起来看，亿则乐就是一个能让消费者、推广者、销售者、经营者共享共赢的平台。

亿则乐的营销推广平台，颠覆了传统的推广招商销售模式，极大地提高了渠道源的利用率，盘活了各种销售资源。这在现代互联网领域可谓是一个很大的进步，也为渠道领域开辟了一个新的营销思路和创新方向。

其实，亿则乐背后的海倍总部要打造的还不仅仅是这些，它要构建的是一个生态圈，能够涵盖多个相互有联系的企业，使其互相联系，互相成全，就如摩拜的"生活圈"和ofo的"ofo开放平台"。海倍为创业者"共享"企划、技术、渠道、物流。对于创业者而言，它就像租房子一样简单，只需带着自己和自己的创业家人，就可以入驻。通过"共享"，创业者将会大大地降低自己的风险，由重资产模式转为轻资产模式。

创业的痛点是不能走近消费者，而海倍就能通过这个生态圈，让创业者和消费者离得更近。

例如，从事健康乳品销售多年的孙江波先生，一直以来都梦想将健康的羊奶送进千家万户，推动全国健康产业的发展。一开始，孙江波先生的杭州来俭味健康管理公司，运用传统的模式进行操作，在全国招募代理商，覆盖了近5000多家母婴店。虽然如此，竞争激烈的市场仍然让他感到压力非常大。

于是，孙江波先生开始积极转型互联网共享经济。2017年3月，孙江波先生加入海倍生态圈，成为亿则乐新媒体营销推广平台的合伙人。通过亿则乐的平台，孙江波先生企业的健康羊奶很快就增加了曝光度，并且聚集起了一大批爱喝羊奶的粉丝。羚仕高钙奶，乳酸菌奶等爆品被快速引爆，一天时间的单品就吸引了过万人进行品尝。

同时，孙江波先生通过亿则乐平台，对接其线下的母婴店，又推动了线下市场的快速成长。在100天之内就实现了新增业绩超百万元的成绩。而且，他也通过亿则乐，和别的厂家进行了共享对接，实现了从一个产品卖多个人，到一个客户卖多个产品的转变。

从孙江波的例子可以看出，企业加入海倍亿则乐共享营销，所共享的不仅是渠道，还有大数据，甚至未来还有可能包含企业的整套解决方案，以及海倍的成功经验和成功模式。这真正让企业获得全面的新的赢利点。

海倍亿则乐的案例是对共享营销的一个具体实践，也是对传统企业做出的一个"共享"尝试。那就是"共享"的平台可以有效地连接供需两端，盘活各种资源，并且可以通过大数据的方式，实现精准的推送和连接，并使之刺激新的经济效益。而基于"共享"平台之上的"共享"生态则能够基于本体业务优势，实现行业间的互补，最终达到行业整合的目的。要知道，互联网时代，只要找到共同的契合点，就能实现产业链接和经济共享。

结　　语

单车之后，我们又将共享什么？

网约车余温未退，共享单车又着着实实地火了一把。

网约车涵盖了长途出行市场，共享单车解决了短途出行的难题，那出行领域的"共享"是否就已经终结了呢？目前看来还未必。

共享电动车

电动自行车、电动汽车是不是都可以拿出来共享？现实情况中，确实有玩家已经在参与其中了。

就在共享单车火起来的同时，共享电动自行车就被认为是另一种较好的"共享"领域。2017年上半年，国内就已经出现了租八戒、电斑马、猎吧、小鹿单车、八点到等一系列电动自行车租赁的企业，而且不少传统电动自行车厂商也在考虑加入到共享电动自行车的行业中来。

业界普遍认为，电动自行车目前在中国的销量以每年三四千万的速度在上涨。共享单车能火，那共享电动自行车也能火起来。

可是，很多人都太美化了这个行情。

就在共享电动车进入市场后，就频频遇到问题。由于电动自行车的安全系数比共享单车要低得多，极易引发交通事故。在北京、上海、深圳，因电动自行车引发的交通事故都超过了10%。2015年深圳市由电动自行车引发的交通事故更是占比高达26.45%。因此，共享电动车在投放之初，就被一些学校、社区叫停。2017年5月2日，共享电动自行车刚投放到太原中北大学的次日，就被校方叫停。

就在2017年交通运输部发布的《关于鼓励和规范互联网租赁自行车发展的指导意见（征求意见稿）》中，政府也明确表示不鼓励发展"共享电动自行车"。

除了政府的因素，骑行者对电动自行车车辆的熟悉程度、骑行素质也是不确定的。而且电动自行车根据行业标准，设计时速应该在每小时20公里以内、重量不超过40公斤、需要有脚踏骑行功能。但现在市面上大多数电动自行车都不符合这个标准，那共享的电动自行车也很有可能是超标车。

共享汽车

共享电动自行车的路走不通，那共享汽车呢？

共享汽车在国外早有先例。20世纪40年代，瑞士就出现了类似的案例，一些人在瑞士组织了"自驾车合作社"，他们提供车辆给用户，一个人用完以后，再将车钥匙交给下一个需要的人。后来，英国、日本也都争相模仿，但都没有形成规模。

现在，我国北京、上海、重庆、成都、昆明、武汉、杭州等地都出现了共享汽车的身影。目前我国的共享汽车企业已有40多家，车辆总数达到4万多辆。

共享汽车的使用方式和共享单车"雷同"。它自带电子钥匙和卫星定位系统，用户下载共享汽车的APP，在APP上上传自己的驾驶证、身份证号等个人信息，不用缴纳押金，通过扫描车身二维码即可用车。收费标准一般为1.5元/公里。而共享汽车的车型主要是新能源汽车，也有一部分传统的燃油汽车，北京街头还出现了共享的奥迪A3。只不过，共享汽车并不算无桩模式，一般要选择取车和还车的网点。

2017年6月初，交通运输部科学研究院联合共享汽车企业代表共同发布了《中国一线城市共享汽车出行分析报告》，对共享汽车的现状进行了分析。该报告显示，北京市共享汽车的日均使用频次是5.1次，平均每次行驶距离约为20公里，出行时间主要集中在晚高峰阶段。这个使用频次远大于私家车，从某种程度上来说，共享汽车也具有不小的发展前景。

共享汽车为用户降低了购买私家车的成本，但使用的便捷性还不足，做不到就近取车。但和共享电动自行车一样，它也存在不小的安全风险，而且有服务能力不足、企业运营成本过高、法规政策建设等问题。但从某种程度上来讲，它对缓解城市交通拥堵、停车难等问题也起着有效的作用。政府对共享汽车也采取了审慎的态度。2017年6月1日，交通运输部公布《关于促进汽车租赁业健康发展的指导意见（征求意见稿）》，鼓励在规范有序的情形下发展共享汽车。也许，随着法律法规的健全和企业运营模式的提高，共享汽车也能火一把。

在出行领域的共享电动自行车和共享汽车之外，可能很多人没想到，还有共享平衡车、共享电动滑板加入进来。平衡车和电动滑板车都属于新型的代步工具，受到很多年轻人的喜爱，但对于它们的安全性、可靠性的讨论却从未停止。2016年交管部门甚至做出了"禁止平衡车、电动滑板车上路"的规定。因此，共享平衡车、共享电动滑板车能不能走远，还是一个未知数。

说到这，除了火车、轮船、飞机，关于出行领域的各种工具的"共享"似乎都一下子聚齐了。也许在法律法规健全、企业运营效率提高的情况下，不久后人们就可以达到任意选择交通工具的程度吧。

共享充电宝

而在出行领域之外，类似于共享单车的"共享"场景也普及开来。

235

共享充电宝算是其中的佼佼者。共享充电宝指的是企业提供充电租赁设备，用户扫描设备上的二维码使用充电宝。例如，用户芝麻信用分在600分以上即可免押金租用一个充电宝，信用分不足的也可支付100元押金使用。共享充电宝在租用后，前一个小时免费使用，超过1小时按1元/小时收取费用，单日最高费用10元。这个模式简直就是共享单车的翻版，只不过共享单车直接面对C端用户，而共享充电宝需要借助B端的商家来实现。

共享充电宝的代表企业有来电科技、街电科技、小电等。来电科技主打大场景，如商场、机场、医院等人流量大的地方；街电科技主打小场景，如餐厅、咖啡馆、酒吧等。来电和街电科技的充电宝是可移动的，用户可在A地用，在B地归还。小电的充电宝则是固定的，线机一体，扫码付费后就可以完成充电。

目前，共享充电宝已经获得了资本的青睐。有数据显示，从2017年3月31日到4月10日，仅仅10天的时间，共享充电宝领域就获得了5笔融资，IDG、红点中国、腾讯、金沙江创投、元璟资本和王刚等知名投资机构和个人入局，融资金额近3亿元。有的项目还在概念阶段时，就获得了融资。

和单车出行一样，充电宝也是一个刚需的市场，或许这就是共享充电宝获得融资的真正原因。和共享单车一样，共享充电宝进入的门槛也很低，考验各大企业能力的关键点，也在于速度和资金。

其他产品共享，一切皆有可能

成都市有一家健身房"趣跑吧"，就支持用户用APP扫码开门，它24小时营业，有智能化的管理，用户通过微信支付10元就可以健身两小时。

还有"共享"的珠宝。有一家珠宝企业即推出这么一款"共享珠宝"，用户需要办理会员卡，缴纳不菲的年费，再缴纳选择珠宝的押金，然后换得一个"共享"权。还有一些模式比较轻的平台，例如亿则乐新媒体推广平台的共享珠宝，采用的是小额押金+信用积分的模式，让用户得以免费佩戴不同类型的珠宝，这种做法反而更切合实际。

此外,还有共享的图书馆、共享的雨伞、共享的篮球、共享的冰箱、共享的电视、共享的洗衣机……

除了实物,共享知识、共享经验也逐渐成了投资的风口,例如知乎就推出了"知乎live"这样的共享产品,并且得到了李开复等知名人士的大力支持。在大数据的基础上,众人的智慧也能被共享。

《2016中国知识付费行业发展白皮书》这样分析了知识付费兴起的原因:一是居民消费结构悄然改变,发展型消费提高;二是移动支付普及,对内容和知识的付费意愿和消费观发生转变;三是用户信息获取方式发生变化,从漫无目的接受变为主动获取,信息选择行为更为成熟。

知识付费的兴起,将使共享知识成为共享经济的又一大亮点。人们不再只为看得见的物质消费买单,而是主动为知识付费。知乎live、分答等知识共享平台的快速崛起,证明了知识共享在未来将大有可为。

我们仅依靠熟人经验指导的那个时代,很快将要成为过去时。现在,如果你有"初创公司如何做营销""如何制定亲子游计划""如何做一个好发型"等问题,也许不用再去找亲戚朋友询问,而是找一家知识共享平台就能解决。因为那些知识共享平台聚集着海量的各领或行家里手,这些人中不光有实战专家,还有众多明星和知名企业家,他们能及时为你提供个性化的共享知识服务。

共享单车为"共享"模式的发展提供了关于共享经济的新标杆,它通过生产基于移动端智能化的产品,或是基于移动端的智能化服务,以"共享"的形式将这些产品或服务推向社会。虽然现在有一些共享项目因为噱头大于实用,最终因为缺乏市场竞争力而退出市场。但不可否认的是,仍有很多企业借着"共享"的浪潮收获颇丰。或许,现在有共享的单车、汽车、充电宝、健身房,未来还可能有共享的打印机、照相机、理发店等等。

根据中国电子商务研究中心发布的《2016年度中国共享经济发展报告》显示,在2016年,我国共享经济的总体规模高达39450亿元,增长率为

76.4%。国家信息中心分享经济研究中心甚至预测,未来几年,我国的共享经济会以每年40%的速度高速增长。到2020年,它的交易规模有可能占到GDP的10%以上。

　　共享经济的前途是光明的,但具体的路怎么走,现在各方都还在摸着石头过河。也只有在试的过程中发现问题、解决问题,这股"共享"之风才能刮得更远。

　　希望更多的创业者,不光要看到共享经济的火爆场面,更要理性地看待共享浪潮,多从成功的共享型企业中学习共享经济的新兴商业模式、互联网化的运作模式、物联网化的智能制造模式等优秀的共享经验和共享智慧。如果我们的传统产业经营者都能深度学习与实践共享经济的精髓,将最有价值的共享智慧运用于传统产业的改造之中,相信中国将会诞生更多像共享单车一样的共享奇迹。

附　　录
《大国品牌养成记》之摩拜单车

摩拜单车，送给全世界的一份礼物

在《大国品牌养成记》之摩拜单车专题中，摩拜单车创始人胡玮炜深情地向大众讲述了摩拜单车的品牌故事，为我们寻找摩拜单车品牌的核心基因，提供了全新的视角。

我喜欢骑着自行车，穿行在城市的大街小巷，去感受城市的美好。

在面对城市的时候，我们发现：小汽车越来越多，路越来越拥堵，出行的时间成本也越来越高，以前我们经常骑的自行车，却越来越少。

今年是自行车诞生两百周年。人们从发明第一辆自行车开始，自行车都是拿来购买、使用和维护的私人财产。但摩拜想做一辆智能共享单车，任何人都可以随时随地（用）手机扫码即可使用。

……

摩拜单车创始人胡玮炜的品牌讲述，让摩拜单车品牌多了一份内涵，多了一份温情，也更容易打动大众。

 共享单车

《大国品牌养成记》助力摩拜单车品牌传播

　　《大国品牌养成记》以中央电视台一套的权威国家平台为播出载体，首次使用第三方视角，从品牌的信用体系、产品、营销、渠道、消费者等层面，深度解析每一个优秀品牌的核心基因、文化联想，以及对消费群体的影响。《大国品牌养成记》深度结合消费者的品牌认知痛点，立足企业不同时期的品牌战略发展需求，在中央电视台一套高频展示一批代表中国优秀创新形象的企业品牌，讲好中国企业的品牌故事。

　　《大国品牌养成记》选择摩拜单车作为新兴互联网品牌代表，有效展现了当前中国互联网的创新形象和发展潮流。《大国品牌养成记》进行台网联动传播，以线上线下相结合方式，立体传播了摩拜单车品牌价值。《大国品牌养成记》通过摩拜单车创始人的真诚讲述，以一种创新的传播方式讲述品牌故事，为大众塑造了一个全新的共享单车品牌形象，并以一种突破式的品牌视角向世界传递了中国品牌的力量。

扫码观看摩拜单车视频　　扫码关注《大国品牌养成记》

注：本文内容系《大国品牌养成记》授权刊发